ایک دفعہ کا ذکر ہے

(مزاحیہ مضامین)

شفیق الرحمٰن

Aik dafa ka zikr hai *(Humorous Essays)*
by: Shafiq ur Rahman
Edition: June '2025
Publisher :
Taemeer Publications LLC (Michigan, USA / Hyderabad, India)

ISBN 978-93-6908-029-8

کتاب	:	**ایک دفعہ کا ذکر ہے** (مزاحیہ مضامین)
مصنف	:	**شفیق الرحمٰن**
صنف	:	طنز و مزاح
ناشر	:	تعمیر پبلی کیشنز (حیدرآباد، انڈیا)
سالِ اشاعت	:	۲۰۲۵ء
صفحات	:	۱۳۰
سرورق ڈیزائن	:	تعمیر ویب ڈیزائن

فہرست

(۱)	مجبوریاں	6
(۲)	قصہ حاتم طائی بے تصویر	22
(۳)	تحت الشعور اور لاشعور	50
(۴)	ہدایت نامہ طلباء	66
(۵)	شیطان کی خالہ جان	82
(۶)	ایک دفعہ کا ذکر ہے	110

مجبوریاں

ایک روز ایک اجنبی حضرت اپنا رومان انگیز افسانہ دکھانے لائے۔ تاکہ اسے پڑھ کر اپنی رائے دے سکوں۔ وہ افسانہ یوں شروع ہوتا تھا —

"وہ دیر سے کھڑا نظارے سے لطف اندوز ہو رہا تھا۔ اس کے پاؤں تلے سبزہ مخمل کی طرح بچھا ہوا تھا جس پر طرح طرح کے پھولوں نے سلمیٰ ستارے کا کام کر رکھا تھا۔ اس کے دل میں خیالات اس روانی کے ساتھ آ رہے تھے جیسے کوئی اعلیٰ درجے کی سنگر مشین بخیہ کر رہی ہو یا کوئی تیز قینچی کتر کتر چل رہی ہو۔ بعض اوقات کوئی پرندہ دفعتاً چیخ اٹھتا اور اس کے خیالات کا سلسلہ یوں منقطع ہو جاتا جیسے دھاگا ٹوٹ جائے یا یکایک سوئی چبھ جائے۔ وہ اپنی نگاہوں کے گز سے قدرت کا ناپ لے رہا تھا۔ سر پر آسمان نیلے رنگ کی واسکٹ پہنے ہوئے تھا جس میں بادلوں کے چھوٹے چھوٹے ٹکڑے سفید بٹنوں کی طرح جڑے ہوئے تھے۔ نالے کا بہتا ہوا پانی سفید ململ کے کھلے ہوئے تھان کی طرح معلوم ہو رہا تھا جس میں سورج کی نارنجی شعاعوں نے

گوشہ کناری کا کام۔"

"معاف کیجئے"۔ میں نے پوچھا۔ "آپ کہیں درزی تو نہیں ہیں؟"

"جی نہیں!"۔۔۔ وہ شرما کر بولے۔ "میں ٹیلر ماسٹر ہوں۔"

میرے ایک دوست جو موٹروں کے ورکشاپ کے مالک تھے اور مدت سے موٹروں کا علاج معالجہ کر رہے تھے۔ موٹریں اور پرزے ان کے دماغ پر اس قدر چھا گئے تھے کہ بعض اوقات وہ سوتے سوتے چلّا کر کہتے: "بریکیں لگاؤ۔ سٹارٹ کرو۔"

ایک دفعہ ہم دونوں اونٹ پر سوار ہوئے۔ میں آگے تھا اور مہار میرے ہاتھ میں تھی۔ ہم ایسی جگہ سے گزر رہے تھے جہاں پانی ہی پانی تھا۔ اونٹ کچھ تیز ہو گیا۔ ایک جگہ تو پھسلتے پھسلتے بچا۔ میرے دوست گھبرا کر بولے۔۔۔ "بھئی اونٹ کو نمبر ٹو میں لے آؤ۔" ایک وقفے کے بعد بولے۔ "میرا مطلب ہے ذرا آہستہ چلاؤ۔"

اس اونٹ کی طبیعت میں کچھ ایسی بے نیازی تھی کہ جو ہدایات میں اسے دیتا وہ ذرا پرواہ نہ کرتا۔ جب ہم اسے روکنا چاہتے تو وہ رکتا ہی نہ۔ ایک جگہ میرے دوست بولے: "اس اونٹ کی بریکیں خراب ہیں"۔ میں نے پیچھے مڑ کر دیکھا تو وہ جلدی سے کہنے لگے۔۔۔ "یعنی اسے روکنا چاہو تو بہت دیر میں رُکتا ہے"۔ اور ساتھ ہی ایسی نگاہوں سے مجھے دیکھا گویا کہہ رہے ہوں کہ میں مجبور ہوں، میں جانتا ہوں کہ

اونٹ میں گیئر نہیں ہوتے نہ بریکیں ہی ہوتی ہیں لیکن میں اپنی عادت سے مجبور ہوں۔

ایک بیحد کفایت شعار حضرت جب کبھی مجھے تار بھیجتے تو ہمیشہ انتہائی اختصار سے کام لیتے۔ ان کے تار کچھ اس قسم کے ہوتے "آجاؤ" "آج سٹیشن سے"، "ٹھیک ہے۔"

ایسے تار لے کر مجھے کتنی کوفت ہوتی ہوگی، یہ ظاہر ہے۔ جب وہ ملنے آتے اور صرف "آج سٹیشن" لکھتے تو میں علی الصبح سٹیشن پر جا بیٹھتا اور آدھی رات تک جتنی گاڑیاں آتیں ان سب میں تلاش کرتا۔ اسی طرح جب وہ تار میں صرف "نہیں" "یا" "ہاں" لکھتے تو میں سوچنے بیٹھ جاتا کہ ان کا مطلب کیا ہے اور مجھے ایک اور تار بھیجنا پڑتا۔ بعض اوقات تو میں خود جا کر ان سے ملتا تاکہ سب کچھ اچھی طرح سمجھ سکوں۔ اس کے برعکس ایک بیحد فضول خرچ حضرت کچھ اس قسم کا تار بھیجا کرتے تھے ــــــــــ

"سناؤ بھئی کیا حال ہے۔ تم بھی کمال کرتے ہو، اتنے عرصے سے کوئی خط نہیں لکھا۔ اگر آج شام کو فرصت ہو تو براہ کرم شام کو تھری ڈاؤن گاڑی پر ملو جو چار نمبر پلیٹ فارم پر پونے سات بجے پہنچتی ہے۔ یہ یاد رکھنا کہ کبھی کبھی وہ لیٹ بھی ہو جاتی ہے۔ باقی باتیں ملنے پر ہوں گی۔ اس تار کو ضروری سمجھنا، سب کو سلام۔"

کسی نے کہا ہے (غالباً شیکسپیئر نے۔ کیونکہ عموماً وہی کہا کرتا ہے) کہ مجھے کسی شخص کے دوست دکھادو اور میں بتادوں گا کہ وہ شخص کتنے پانی میں ہے۔ ایک اور صاحب نے یہ فرمایا ہے کہ مجھے صرف اتنا بتادو کہ کوئی شخص کس فلم کمپنی کی فلمیں پسند کرتا ہے اور میں فوراً بتادوں گا کہ وہ شخص کیسا ہے۔ کئی حضرات دعویٰ کرتے ہیں کہ وہ ٹائی کی گرہ۔ جوتوں کے سائز اور مونچھوں کی لمبائی دیکھتے ہی سب کچھ بتادیں گے۔ یہ سب کچھ بجا سہی لیکن بھلا اس قدر محنت کی کیا ضرورت ہے۔ آپ اتنی چھان بین کاہے کو کرتے ہیں کہ ناپ لیتے پھریں یا اس کے دوستوں کے پیچھے خفیہ پولیس کی طرح پھریں۔ آپ محض چند منٹ خاموشی سے اس شخص کا مطالعہ کیجئے اور وہ خود سب کچھ بتادیگا ——— وہ مجبور ہے یا یوں کہیے کہ وہ اپنی عادت سے مجبور ہے۔ ہم سب مجبور ہیں۔

طلبا کی سب سے بڑی کوشش یہی ہوتی ہے کہ ہر ممکن طریقے سے پڑھائی سے بچیں۔ ہشیار سے ہشیار طالب علم بھی پڑھائی لکھائی کو بیگار سے کم نہیں سمجھتا۔

یہاں مجھے ایک واقعہ یاد آگیا۔ چند طالب علم دیر سے بحث کر رہے تھے کہ پڑھا جائے یا باہر چلا جائے۔ جب وہ کسی فیصلے پہ نہ پہنچ سکے تو ایک بولا۔ "میں ٹاس کرتا ہوں۔ اگر چہرہ آیا تو سینما چلیں گے، اگر لپنت آئی تو سرکس دیکھیں

گے اور اگر رد پہ سیدھا کھڑا ہو گیا تو خوب پڑھیں گے۔"

بچوں کے متعلق ایک دوست نے قصہ سنایا۔ ان کے دو چھوٹے بچے حسبِ معمول اپنی ساری کوششیں اس جدوجہد میں صرف کرتے تھے کہ کہیں انہیں کوئی پڑھا نہ دے۔ حساب سے تو وہ خاص طور پر متنفر تھے۔ آخر میرے دوست عاجز آ گئے اور انہوں نے استاد کے لیے اخبار میں اشتہار نکلوا دیا۔ ایک استاد آئے اور بڑی استادی سے انھوں نے بچوں کی پسند اور ناپسند کا پتہ چلایا۔ بچوں کو خرگوش بےحد پسند تھے۔ چنانچہ وہ چھ خرگوش لے کر بچوں کے پاس پہنچے۔ خرگوش دیکھ کر بچے بہت خوش ہوئے اور ان سے کھیلنے لگے۔ استاد بولے ــــ "بچو! بھلا بتاؤ تو سہی یہ کتنے ہیں؟" ایک بچے نے گن کر کہا "چھ" انہوں نے تین خرگوش چھپا لیے، پھر پوچھا "اور اب باقی کتنے رہ گئے؟" بچے نے پھر گنا اور بولا ــــ "تین!" یکایک چھوٹا بچہ بڑے کو ایک طرف لے گیا اور اس کے کان میں کہنے لگا "خبردار! میرے دل میں شبہ سا ہے۔ ذرا ہشیار رہنا، کہیں یہ آدمی باتوں باتوں میں حساب نہ پڑھا دے۔"

آج سے کئی سال پہلے ایک فلاسفی کے پروفیسر ہمارے پڑوس میں رہتے تھے۔ میری ان کی جان پہچان تھی۔ ایک روز ہم ریڈیو سن رہے تھے کوئی محترمہ گا رہی تھیں کہ

نیر بھرن کیسے جاؤں ری سکھی

گانے میں انہوں نے پنگھٹ پر جانے کے سلسلے میں معذوری ظاہر کی تھی اور شاید کوئی وجہ بھی پیش کی تھی۔ لیکن بار بار وہ یہی کہتی تھیں کہ دنیر بھرن کیسے جاؤں ری سکھی۔

پروفیسر صاحب سنتے رہے پھر چونک کر بولے ——" کیا لغویت ہے، آخر سقے کس مرض کی دوا ہیں؟ پنگھٹ پر کوئی سقہ کیوں نہیں بھیج دیتے؟"

باتوں باتوں میں وہ بولے ——" کل میں نے عجیب خواب دیکھا گیا دیکھتا ہوں کہ جیسے میں کلاس میں ہوں اور لیکچر دے رہا ہوں۔ اور جب میری آنکھ کھلی تو میں واقعی کلاس میں تھا اور لیکچر دے رہا تھا۔"

میں اچھی طرح نہ سمجھ سکا۔ میں نے پوچھا ——" ابھی آپ کیا فرما رہے تھے؟"

" معلوم نہیں کیا کہہ رہا تھا۔" وہ بولے ——" میں متوجہ نہیں تھا۔"

ایک روز انہوں نے صبح صبح مجھے دوڑتے ہوئے دیکھ لیا۔ شام کو ملے۔ پوچھنے لگے۔ میں نے کہا " ورزش کر رہا تھا۔" بولے ——" لاحول ولا قوۃ! میں تو صرف اس وقت دوڑتا ہوں جب کوئی میرے پیچھے دوڑتا ہے۔"

ایک اور بہت بڑے فلاسفر تھے جنھوں نے ایک کتب فروش کو یہ خط لکھا تھا۔

" جنابِ من!

اوّل تو میں نے یہ بے ہودہ کتاب آپ سے ہرگز نہیں منگوائی۔ اگر منگوائی تھی، تو آپ نے ہرگز نہیں بھیجی۔ اگر آپ نے بھیجی تھی تو مجھے بالکل نہیں ملی اگر مجھے ملی

تھی تو میں نے قیمت ادا کر دی تھی۔ اور اگر میں نے قیمت نہیں ادا کی تو آپ سے جو کچھ بھی ہو سکتا ہے کر لیجیے۔ اُمید ہے آپ بخیریت ہوں گے۔ فقط۔"

ایک مرتبہ وہ کسی حجام کی دکان پر حجامت کرا رہے تھے۔ دفعتہً کوئی سڑک پر چلّایا۔ "میاں عبدالقدوس صاحب! میاں عبدالقدوس صاحب!! آپ کے مکان کو آگ لگ گئی۔" وہ تڑپ کر اٹھے۔ حجام کو پرے دھکیلا گلے کا سفید کپڑا ایک طرف دے مارا۔ صابن کا جھاگ ایک اور صاحب پر پھینکا۔ دو گاہکوں سے بڑی طرح ٹکرائے۔ سڑک پر کوڑے پھسلے گرے، پھر اٹھے، ایک دہی بڑے والے سے ٹکرائے، اچھل کر بھاگے، کچھ دور جا کر رُک گئے اور سر کھجانے لگے۔ پھر شرمندہ ہو کر بولے "اوہ! میں بھی کیا ہوں، بھلا میرا نام عبدالقدوس کہاں ہے؟"

ڈاکٹروں کی گفتگو بھی بڑی عجیب ہوتی ہے، ایسی کہ آدمی سنتے ہی کہہ دے کہ ڈاکٹر بول رہے ہیں۔ کوئی بھی موضوع ہو، کیسا ہی موقع ہو، لیکن ان کی گفتگو میں بیماریوں اور دواؤں کے نام باقاعدہ آتے رہیں گے اور کچھ اس قسم کی باتیں آپ سنیں گے "مجھے اقبالؔ کا کلام بیحد پسند ہے، ٹیگورؔ بھی پسند ہے۔ یہ دونوں شاعر ہندوستان کی ناک ہیں۔ اور بھلا اس نمونیے والے کیس کا کیا بنا؟"
آپ پُرانے شاعروں کو ہمیشہ نظرانداز کر دیتے ہیں بھلا آپ غالبؔ کو شعرا کی صف

میں شامل کیوں نہیں کرتے؟ ——— شکر ہے کہ وہ مریض اب اچھا ہے۔ اسے سلفا نمائیڈ دے رہا ہوں۔ ڈاکٹر ق صاحب سمجھتے تھے کہ اکیوٹ برانکائیٹس ہے حالانکہ صاف نمونیہ تھا۔"

"لیکن جو جدت اور ندرت خیال اقبال کے کلام میں ہے، جو سادگی و پرکاری ٹیگور کی شاعری میں ہے، اس سے پرانے شعرا محروم ہیں۔ پرانے شعراء کے موضوع سخن ایک جیسے ہیں۔ ایک حد تک فرسودہ ہیں۔ اور وہ ملیریا والا مریض تو آپ نے دیکھا ہی ہوگا اسے ساتھ سے ٹانسلائیٹس بھی تھا۔ ن صاحب اسے ڈپتھیریا سمجھ رہے تھے۔"

"اگر آپ غالب کی عظمت سے منکر ہیں تو میں آپ کے مذاق پر افسوس ظاہر کرتا ہوں۔ آپ نے بجنوری مرحوم کا وہ فقرہ سنا ہوگا کہ ہندوستان میں آسمانی کتابیں دو ہیں۔ ایک وید، دوسری دیوانِ غالب۔ وہ تپ دق کا مریض ———" وغیرہ وغیرہ۔

یا پھر اس طرح کی گفتگو ہوگی ———

"جب میں پیرس میں تھا تو ایک نہایت ہی لاجواب کیس دیکھا کسی حادثے سے ایک شخص کی ساری ہڈیاں ٹوٹ گئی تھیں۔"

"میں نے لورپول میں نہایت ہی حسین کیس دیکھے تھے۔ ایک شخص کے کان چھ چھ انچ لمبے ہو گئے تھے اور ایک شخص کے ماتھے پر سینگ اُگ رہا تھا۔"

"اور لندن میں میں نے ایک خوبصورت کیس دیکھا تھا جس کی ناک اس قدر موٹی ہو گئی تھی کہ دور سے بالکل گینڈا معلوم ہو رہا تھا۔"

آفیشل خط و کتابت بھی نہایت دلچسپ چیز ہے۔ اس میں خط و کتابت کے مقررہ آداب اور کاغذی کارروائی زیادہ ہوتی ہے۔ دماغی کام بہت کم ہوتا ہے۔

بعض اوقات عجیب و غریب خطوط دیکھنے میں آتے ہیں۔ جو کاروباری لحاظ سے بالکل مکمل ہوتے ہیں۔ مثلاً ایک فرم نے دوسری فرم کو لکھا کہ ہمارا فلاں فلاں آرڈر منسوخ کر دو۔ جواب آیا کہ آپ کو انتظار کرنا پڑے گا۔ جب آپ کی باری آئے گی تب آرڈر منسوخ ہوگا۔

ایک بوڑھے پنشنر کی پنشن دفعتہً بند ہوگئی۔ جنوری سے جون تک کچھ نہ ملا۔ آخر تنگ آکر اُس نے اوپر خط لکھا۔ وہاں سے جواب آیا کہ کاغذات کے مطابق آپ کا کئی ماہ سے انتقال ہو چکا ہے اس لیے پنشن بند کر دی گئی ہے۔

اس نے لکھا کہ جناب من میں تو باقاعدہ زندہ ہوں۔ جواب آیا کہ آپ سرٹیفکیٹ بھیجئے۔ یہ ضلع کے کمشنر کے پاس گیا۔ کمشنر بڑا ہنسا اور سرٹیفکیٹ لکھ دیا کہ میں فلاں صاحب کو اپریل سے دیکھ رہا ہوں اور تصدیق کرتا ہوں کہ یہ زندہ ہیں۔ نیچے جون کی کوئی تاریخ لکھ دی۔ پنشنر نے وہ سرٹیفکیٹ اور ایک خط اوپر بھیج دیا۔ اگلے ہفتے تین ماہ کی پنشن آگئی ساتھ ہی ایک خط جس میں لکھا تھا——

"جناب من! آپ کے سرٹیفکیٹ کے مطابق اپریل، مئی اور جون کی پنشن ارسال ہے۔ براہ کرم ایک اور سرٹیفکیٹ ارسال فرمایئے کہ آپ اسی سال جنوری، فروری اور مارچ میں بھی زندہ تھے تاکہ آپ کی بقیہ پنشن بھی بھیج دی جائے۔"

قنوطیت ایک ایسی چیز ہے جو کبھی چھپی نہیں رہتی۔ قنوطی صاحب گویا چیخ چیخ کر کہتے ہیں کہ ادھر دیکھو لوگو میں قنوطی ہوں۔

ایک قنوطی حضرت ـــــ جب کبھی ملنے آتے تو کچھ اس طرح گفتگو شروع کرتے۔ ''میں ستایا ہوا ہوں، بولھلایا ہوا ہوں، رنجیدہ ہوں، غمدیدہ ہوں، غمگین ہوں، غمزدہ ہوں، غم کا مارا ہوں۔''

میں جواب دیتا ـــــ ''مجھے افسوس ہے، تاسف ہے، قلق ہے، فکر ہے، تشویش ہے۔'' اس کے بعد باتیں شروع ہوتیں، جن سے ظاہر ہوتا کہ قدرت خاص طور پر ان کے پیچھے لٹھ لے کر پڑی ہوئی ہے۔ فرشتے محض ان کو ستانے کے لیے اپنے پروگرام بدلتے ہیں۔ چاند، سورج، آندھی، مینہ سب ان کے دشمن ہیں۔ اگر یہ فٹ بال کا میچ دیکھنے جاتے ہیں تو ان کی محبوب ٹیم اس لیے ہار جاتی ہے کہ ان جیسا بدقسمت میچ دیکھ رہا ہے۔ اگر جیتتی ہے تو ان کی موجودگی کی وجہ سے گول کم ہوتے ہیں۔ چھوٹی چھوٹی باتوں کا ہوّا بنا لیتے، فرماتے ـــــ ''میاں اگر قسمت اچھی ہوتی تو کل تاش کی بازی ہی کیوں ہارتے ـــــ'' یا ـــــ ''زندگی میں اگر کچھ ملنا ہوتا تو پرسوں سینما کے ٹکٹ ہی کیوں نہ مل گئے ـــــ'' اور ـــــ ''مجھ سا بدقسمت اس شہر میں آگیا ہے تبھی تو یہاں ہر روز آندھیاں آتی ہیں، جھکڑ چلتے ہیں اور اتنی گرمی پڑتی ہے۔'' جیسے ان کے چلے جانے سے شہر کی آب و ہوا بدل جائے گی۔

آپ کسی کالج یا سکول کے سٹاف روم میں جا بیٹھیے۔ پندرہ بیس منٹ کے بعد بغیر کسی تعارف کے آپ ہر لیکچرر یا پروفیسر کو پہچان لیں گے۔

ایک مرتبہ میں ایک تقریب میں گیا اور میں نے ذرا سی دیر میں سب کو پہچان لیا۔ باتیں ہو رہی تھیں۔ جغرافیے کے پروفیسر نے کسی جگہ کے متعلق دریافت کیا۔ جب انھیں اس جگہ کی آب و ہوا بتائی گئی تو مسکرا کر بولے۔ "تو یوں کیوں نہیں فرماتے کہ بحیرہ روم کے خطے جیسی آب و ہوا ہے۔" تاریخ کے پروفیسر بولے "سلوک؟ ایمان کی بات تو یہ ہے کہ یہاں وہی سلوک ہونا چاہیئے۔ جو سکندر نے پورس کے ساتھ کیا تھا۔"

ریاضی کے پروفیسر فیصدی کے سوا بات ہی نہ کرتے تھے۔ مثلاً "ہندوستان میں اسی فی صدی آدمی چڑچڑے ہیں۔" "افغانستان میں ساٹھ فیصدی آدمی چھینکیں مارتے رہتے ہیں۔" "عرب میں نوے فی صدی آدمی بات بات پر لاحول پڑھتے ہیں۔"

انہوں نے فلاسفی کے پروفیسر پر چوٹ کی۔ وہ چڑ گئے اور بحث ہونے لگی۔ ریاضی کے پروفیسر بولے۔ "ریاضی ایک سچا علم ہے۔ اس میں صداقت ہے کیونکہ ہندسے کبھی جھوٹ نہیں بولتے۔ مثال کے طور پر اگر ایک آدمی ایک کمرہ دس روز میں بنا سکتا ہے تو دس آدمی اس کمرے کو ایک روز میں بنا سکتے ہیں۔"

فلاسفی کے پروفیسر کچھ دیر حساب لگاتے رہے پھر بولے۔ "اگر دس آدمی اس کمرے کو ایک روز میں بنا سکتے ہیں تو ۲۴۰ آدمی ایک گھنٹے میں بنا سکتے ہیں۔

۴۳۰۰ آدمی ایک منٹ اور ۸۶۴۰۰۰ آدمی اسی کمرے کو بخوبی ایک سیکنڈ میں بنا لیں گے۔"

"ہندوستان میں اسی فی صدی آدمی چڑچڑے ہوتے ہیں"۔ ریاضی کے پروفیسر کھسیانے ہو کر بولے۔

ایک مرتبہ ایک لیڈر سے ملاقات ہوئی۔ وہ باتیں کرتے وقت بار بار کہتے تھے۔ "خواتین و حضرات!" حالانکہ محفل میں صرف حضرات تھے۔ ایک دو مرتبہ ان کی زبان سے "بہنو اور بھائیو" بھی نکل گیا۔ بعض اوقات وہ جوش میں آ کر میز پر مکّہ بھی مار دیتے تھے۔ ظاہر تھا کہ وہ اپنی عادت سے مجبور ہیں۔

چند لڑکوں نے شرارتاً ان کو ایک آسیب زدہ کمرے میں سُلا دیا۔ جہاں سچ مچ بھوت رہتا تھا۔ رات کو جب بھوت نظر آیا تو یہ اسے دیکھ کر بولے۔

"تم جو کچھ بھی ہو اور جہاں کہیں بھی رہتے ہو، مجھے امید کامل ہے کہ تم انسانی ہمدردی اور اخوت کا ثبوت دیتے ہوئے قصبہ سدھار کمیٹی کی ضرور مدد کرو گے اور دنیا اور عقبیٰ دونوں میں سرخرو ہو گے۔ تم اپنا چندہ سیکرٹری صاحب کے نام بھیج سکتے ہو۔"

اور سنتے ہیں کہ بھوت وہاں سے ایسا غائب ہوا کہ آج تک لوٹ کر نہیں آیا۔

ہمارے کالج میں ایک ماہرِ اقتصادیات تھے۔ ایک دن ہم نے اُن کا اشتہار اخبار میں پڑھا، جو انھوں نے نوکر کے لیے دیا تھا۔ اشتہار کا ایک ایک لفظ چلّا چلّا کر اقتصادیات پڑھنے کی شکایت کر رہا تھا۔ لکھا تھا:

"ضرورت ہے ایک نوجوان صالح و خوش خصال و نیک اطوار کی، جس پر پورا پورا بھروسہ کیا جا سکے۔ اعلیٰ درجے کے اخلاق کا مالک ہو، نہایت تندرست اور توانا ہو۔ سگریٹ پینے والے ہرگز درخواست نہ دیں۔ اچھے خاندان والے کو ترجیح دی جائے گی۔ خوشخط ہو، پرندوں سے محبت کرتا ہو، زندہ دل ہو، مصیبت میں ہرگز نہ گھبرائے، کفایت شعار ہو، موٹر بھی چلا سکتا ہو، جوتوں کی مرمت بھی بخوبی کر سکتا ہو، بندوق چلا سکتا ہو، چارپائیاں بُن سکتا ہو۔ حساب کا ماہر ہو، ضرورت پر حجام کا کام بھی بخوبی کر سکتا ہو، کپڑے دھو سکتا ہو۔ تنخواہ پندرہ روپے ماہوار دی جائے گی۔ پہلے چھ ماہ ملازمت عارضی ہوگی اس کے بعد ڈیڑھ روپیہ ماہوار الاؤنس ملے گا۔"

کچھ عرصے کے بعد انھوں نے ہمیں چائے پر بلایا۔ وہاں ہم نے ان کا نوکر دیکھا۔ عجب سست الوجود نوکر تھا۔ اشتہار میں جتنی خوبیاں لکھی گئی تھیں غالباً ان میں سے ایک بھی اس میں نہیں تھی۔ اُسے جو حکم دیئے جا رہے تھے وہ بھی اقتصادیات سے تعلق رکھتے تھے، مثلاً یہ کہ "سارے پلنگ چھت پر لے جاؤ، ان پر بستر کر دو۔ صحن میں چھڑکاؤ کر دو، اور کرسیاں نکال دو۔ بس اس کے بعد آرام کرو۔" پندرہ منٹ کے بعد پھر اسے بلایا جاتا اور حکم ملتا "شام کا کھانا چھت پر کھائیں گے۔ باورچی خانے سے سارے لوازمات اوپر لے جاؤ۔ میلے کپڑے دھوبی کو دے آؤ۔ بازار سے دوڑ کر پھل لے آؤ، بجلی والے سے پنکھا لے آؤ، غالباً مرمت ہو چکی ہو

گی۔ یہ خط بڑے ڈاک خانے میں فوراً ڈال دو۔ کہیں ڈاک نہ نکل جائے۔ اس کے بعد تمہاری چھٹی ہے۔"

ذرا سی دیر کے بعد پھر ایک تازہ ارشاد ہوتا: "ذرا دوڑ کر دیکھ آؤ کہ سینما میں کونسی پکچر لگی ہوئی ہے۔ بشیر صاحب سے پوچھنا کہ وہ آپ نے سینما کے پاس کا وعدہ کیا تھا کب تک انتظار کیا جائے اور ہاں پٹرول کے کوپن لے جاؤ اور پٹرول لے آؤ۔ بکسٹال سے دوڑ کر دیکھی کا نیا پرچہ لے آؤ۔ گیراج والے سے موٹر کے بارے میں پوچھنا۔ واپسی میں برف لیتے آنا ——— بس! فقط اتنا سا کام ہے، اس کے بعد مزے سے آرام کرنا۔"

ایک اور لفظ ہے جس کا استعمال ہم ہر روز کرتے ہیں۔ وہ ہے "دیسی"۔ قسم قسم کے بڑھیا عام ہیں۔ الفانسو، طوطا پری، سردلی، لنگڑا، لولا، یہ اور وہ، لیکن جو آم بالکل فضول ہو جس کی گٹھلی بڑی اور چھلکا موٹا ہو اجس میں رس نام کو نہ ہو، ہم اسے "دیسی آم" کہتے ہیں۔ اسی طرح سب سے گھٹیا کپڑے کو "دیسی کپڑا" اور ہندوستانی افسروں کو "دیسی صاحب" کہتے ہیں۔ یہ بھی ایک مجبوری ہے۔

بعض اوقات میں یہ سوچتا ہوں کہ میری ذاتی مجبوریاں کیا کیا ہیں؟ ایک

مجھے اَپ اور ڈاؤن ٹرین کی کبھی پہچان نہیں رہتی۔ کئی گاڑیاں تو ایسی ہیں، جن میں مَیں ہرش سے سفر کرتا رہا ہوں لیکن مجھے نہ ان کا نمبر معلوم ہے نہ یہ علم ہے کہ وہ اَپ ہیں یا ڈاؤن؟

بعض اوقات میرے دوست آپس میں کچھ ایسی باتیں کرتے ہیں۔

"تو آپ فورٹین اپ سے تشریف لائیں گے؟ میں سٹیشن پر انتظار کروں گا۔"

"جی ہاں! لیکن اگر وہ نہ مل سکی تو پھر سیون اَپ سے آجاؤں گا۔ بعض اوقات نائن اَپ تھری ڈاؤن کو لیٹ کرا دیتی ہے۔ جس سے سیون اپ بھی لیٹ ہو جاتی ہے۔ بہرحال آپ ٹوئنٹی ڈاؤن نکلنے کے بعد ہی فورٹین اَپ پر میرا انتظار کریں اگر اس سے نہ پہنچ سکا تو پھر ——"

اور میں حسرت بھری نگاہوں سے ان کے چہروں کو دیکھتا رہتا ہوں بعض اوقات اپنی حالت پر آٹھ آٹھ آنسو بہاتا ہوں۔

دوسرے یہ کہ میرا حافظہ بہت کمزور ہے اور میں سب کچھ بھول جاتا ہوں۔ ابھی سوچ رہا ہوں، ابھی بھول جاتا ہوں۔ بعض اوقات تو سوچنے سے پہلے ہی بھول جاتا ہوں۔ اور اکثر اس قسم کے حادثے ہوتے رہتے ہیں ——

مجھے ایک صاحب سے ملایا جا رہا ہے۔ انکا نام خلیل صاحب ہے، وہ مجھ سے پہلے بھی کبھی ملے ہیں لیکن میں حسبِ معمول بھول چکا ہوں۔ وہ ملتے ہی کہتے ہیں۔

"میں نے آپکو کہیں دیکھا ہے۔"

"ضرور دیکھا ہوگا۔" میں مسکرا کر کہتا ہوں۔

"بتاؤں کہاں دیکھا تھا؟"

"بتائیے!"

"آپ کرکٹ کا میچ کھیل رہے تھے۔"

اب میری باری آتی ہے اور اخلاقاً مجھے بھی کہنا پڑتا ہے کہ ——"اوہ! خوب یاد آیا۔ میں نے بھی آپ کو کہیں دیکھا ہے۔"

"کہاں دیکھا تھا؟"

"وہ اس روز آپ وہاں ——" میں اس امید پر کہتا ہوں کہ شاید وہ خود فقرہ مکمل کر دیں گے۔

"ہاں ہاں!" وہ چہک کر کہتے ہیں۔

"آپ وہاں، اس روز، اس وقت ——"

"ہاں فرمائیے میں کیا کر رہا تھا بھلا؟"

"آپ فاختہ اڑا رہے تھے۔" میں تنگ آکر کہتا ہوں۔

بہرحال تین چیزیں تو میں ہمیشہ بھول جاتا ہوں، یہ مجھے کبھی یاد نہیں رہتیں۔ ایک تو مجھے ٹیلیفون کے نمبر یاد نہیں رہتے، دوسرے دوستوں کے پتے ہمیشہ بھول جاتا ہوں، اور تیسرے —— لاحول ولا دیکھئے میں پھر بھول گیا۔ بس وہ تیسری چیز بھول گیا ہوں جو اکثر بھول جاتا ہوں۔

قصّہ حاتم طائی بے تصویر

اے صاحبو! داستان گو یوں بیان کرتا ہے کہ افواہ ہے کہ کسی زمانے میں کسی جگہ کوئی بادشاہ حکومت کرتا تھا۔ اس کے عدل و انصاف کا یہ عالم تھا کہ وہ ہر روز صبح نو بجے اپنے سامنے شیروں اور بکریوں کو ایک گھاٹ پر پانی پلاتا تھا۔ اس کا لڑکا طائی تھا اور وہ اس قدر حاتم تھا کہ سب اسے حاتم طائی کہتے تھے۔ بعض اوقات لوگ غلطی سے اسے حاتم تائی بھی کہہ بیٹھتے تھے۔

حاتم اس قدر رحمدل تھا کہ وہ شکار کے سلسلے میں سارا دن جانوروں کے پیچھے بھاگتا رہتا۔ اور آخر میں انھیں پکڑ کر چھوڑ دیتا۔ انھیں کچھ نہ کہتا بلکہ ان سے اپنے اس رویے کی معافی مانگتا۔

حاتم ہر روز اپنی سلطنت میں ننگوں کو کھانا کھلاتا۔ بھوکوں کو کپڑے پہناتا اور معذور محتاجوں کی شادیاں کرتا۔ حاتم نے مخبر چھوڑ رکھے تھے۔ جب تک سارا شہر کھانا نہ کھا چکتا۔ حاتم ایک لقمہ نہ اٹھاتا۔ اسی لیے وہ دوپہر کا کھانا رات کو کھاتا اور رات کا کھانا اگلی دوپہر کو۔

وہ خود اوصافِ حمیدہ کا مالک تھا۔ چہرہ پہ بندے آفتاب، چندے ماہتاب، مثلِ گلِ خنداں، مثل ماہ تاباں، ژولیدہ مُو۔

حاتم نے کچھ ایسی طبیعت پائی تھی کہ جہاں کسی حسین چہرے کو دیکھتا فوراً ہزار جان سے عاشق ہو جاتا۔ یہ اس کا محبوب مشغلہ تھا۔

انہی دنوں دربار میں ایک سیاہ پوش بزرگ کا طوطی بڑے زوروں سے بولتا تھا۔ امراء تو ایک طرف بادشاہ خود ان سے ڈرتا تھا۔ طوطی سے بھی اور بزرگ سے بھی۔

جب بزرگ دربار میں تشریف لاتے (وہ ہر روز آتے تھے) تو بادشاہ استقبال کے لیے اٹھتا اور زمین چھو کر کہتا۔ ''پیرومرشد کے قدموں کی خاک عرق گلاب میں حل کر کے بطورِ سرمہ استعمال کروں تو نزلہ زکام کو فائدہ ہو...''

بزرگ مسکراتے اور دربار میں بیٹھ کر عبادت شروع کر دیتے۔ درباری اور بادشاہ چپ چاپ بیٹھے رہتے حتیٰ کہ دربار برخاست ہو جاتا۔ حاتم دل ہی دل میں جھنجھلاتا کہ یہ کیا مصیبت ہے۔ اُسے وہ بزرگ دونوں آنکھوں نہ بھاتے لیکن وہ مجبور تھا اور کچھ نہ کر سکتا تھا۔

ایک روز خدا کا کرنا کیا ہوا کہ ایک شہزادی معہ اپنے لاؤلشکر کے شاہی مہمان خانے میں اتری۔ وہ تبدیلی آب و ہوا کی غرض سے ساحل کی طرف جا رہی تھی۔ شہزادی نے بزرگ سیہ پوش کو جھروکے سے دیکھا اور ترس کھا کر اپنی انا

سے بولی ۔" دنیا مثلِ حباب کے ہے اور اس کا بیٹھنا معمولی بات ہے' یہ بزرگ بہت دور پہنچے ہوئے معلوم ہوتے ہیں ۔ جی چاہتا ہے کہ کبھی فرصت کے وقت خوب اپنی آنکھیں ان کے قدموں سے ملوں ۔"

اَنّا نے کہا "ضرور!" یہ سن کر شہزادی نے پیغام بھجوایا کہ "اے بزرگِ بے مثال! اگر میرے حقیر ناچیز سیاہ خانے کو اپنے مبارک جوتوں سے روشن کرو تو کمترین کو بے داموں مول لے لو اور یہ فدوی دونوں جہاں میں سُرخرو ہو۔" بزرگ نے دعوت قبول کی اور تشریف لائے ۔ شہزادی نے محل کو فرشِ مکلّف اور مسندِ شاہانہ سے آراستہ کیا ۔ خوانِ زر و جواہر معہ طاؤس مرصع سامنے رکھا ۔ زربفت کے دسترخوان پر جڑاؤ سنگ پشت کے برتنوں میں انواع و اقسام کے کھانے چُنے اور بعد میں گنگا جمنی چلمچی اور آفتابے سے ہاتھ دھلوائے ۔ بزرگ رخصت ہوئے' شہزادی کے ملازم دن بھر کے تھکے ہوئے تھے ۔ انھوں نے سونے سے پہلے اپنے گھوڑے بھی بیچ دیئے اور جہاں تک پاؤں پھیلا کر سو سکتے تھے سو رہے ۔

بزرگ سیاہ پوش دن میں سب ساز و سامان دیکھ چکے تھے' ان کی رال ٹپک رہی تھی ۔ وہ رومال سے منہ پونچھتے رات کو چپکے سے نکلے ۔ اپنے چالیس چور ساتھ لیے اور شاہی مہمان خانے کا رُخ کیا ۔ وہاں انھوں نے ہیرے جواہرات کو ہاتھ نہ لگایا ۔ سوچا کہ چوری میں شمار ہوگا ۔ باقی کوئی چیز نہ چھوڑی ۔ علی الصبح شہزادی اٹھ کر کیا دیکھتی ہے کہ سارے محل میں جھاڑو سی پھری ہوئی ہے یہاں تک کہ اونٹوں کے کجاوے اور

گھوڑوں کی زینیں بھی غائب ہیں۔ شہزادی نے دربان کو جا دبوچا اور طیش میں آکر بولی "او نمک مرچ حرام! تو نے چور کو کیوں نہیں پکڑا؟"۔

دربان نے مودبانہ عرض کی "وہ چور تو بھاگ گیا۔ اب یہ ہی سہی، یہ ان بزرگ سیاہ پوش کی لنگوٹی ہے۔"

شہزادی فوراً سمجھ گئی کہ ہو نہ ہو یہ اسی سیاہ پوش کی شرارت ہے۔ وہ فریادی بن کر سیدھی شاہی محل میں پہنچی۔ بادشاہ اس وقت شیو کر رہا تھا۔ فریادی نے مجرا کیا، ٹھمری گائی، دعا دی اور ملتجی ہوئی کہ "جہاں پناہ آپ کا وہ سیاہ پوش بزرگ میرے سامان پر ہاتھ صاف کر گیا۔ خدا اس کا منہ اور کالا کرے!"

بادشاہ یک لخت چراغ پا بلکہ لالٹین پا ہو گیا اور تھر تھر کانپنے لگا۔ تھوڑی دیر تک کانپتا رہا پھر چلا کر بولا "نادان لڑکی ایسے بزرگ پر تہمت لگاتی ہے وہ خود میرا قلمدان اور روغنِ مونچھ اٹھا کر لے گیا لیکن میں نے تہمت نہیں لگائی۔ جا دفعہ ہو جا اور آئندہ مجھے پیٹھ بھی نہ دکھانا۔"

شہزادی نے پندرہ بیس فرشی سلام کیے اور بولی "حضور چور پر تہمت لگانے میں کیا مضائقہ ہے؟"

بادشاہ نے تاؤ کھایا اور تین چار قلابازیاں کھا کر کہا "ارے کوئی ہے؟ ذرا لانا میری چھڑی۔" اتفاق سے نوکر چاکر سب باہر گئے ہوئے تھے۔ شہزادی موقعہ شناس تھی سمجھ گئی کہ اب عتابِ شاہی نازل ہونے والا ہے۔ مفت میں پٹ جاؤں

گی۔ فوراً بولی "میں تو مذاق کر رہی تھی۔ میں اپنی تہمت واپس لیتی ہوں۔"

"ہم بھی اپنا عتاب واپس لیتے ہیں۔" بادشاہ نے مسکرا کر کہا۔ "اور ساتھ ہی تمہیں خلعتِ فاخرہ سے سرفراز کرتے ہیں۔ آجکل خزانہ خالی ہے۔ فصلیں کٹنے پر اور روپیہ آنے پر خلعت بنوا دی جائے گی، ناپ بھجوا دینا یا یوں کرنا کہ خلعت اپنے پاس سے بنوا کر بلِ شاہی خزانے بھیج دینا۔"

شہزادی آداب بجا لائی اور رخصت ہوئی۔

حاتم کو سب علم تھا کہ کس کی شرارت ہے۔ پھر بھی وہ اپنی رحمدلی کی وجہ سے خاموش تھا۔

ایک روز اس کا گزر شاہی مہمان خانے سے ہوا۔ دیکھتا کیا ہے کہ شہزادی مغموم بیٹھی ہے اور اس کی انا پاس بیٹھی چٹ چٹ بلائیں لے رہی ہے۔ حاتم اپنے تئیں شمعِ حسن کے پاس پروانہ وار دیکھ کر آتشِ عشق بھسم ہو گیا اور حسبِ معمول ہزار جان سے عاشق ہو گیا (شہزادی پر)۔ شہزادی نے اس کی جانب دیکھا اور حاتم آہِ سرد کھینچ کر بولا ؎

"ڈبڈبائی ہوئی آنکھوں سے نہ دیکھو مجھ کو
میری آنکھوں میں نہ آ جائیں تمہارے آنسو"

شہزادی شرما کر بولی ؎

"ڈبڈبا آئیں خود بخود آنکھیں
بارہا ایسا اتفاق ہوا!"

حاتم اس مرتبہ آہِ گرم کھینچ کر بولا ۔

کون یہ دیکھ سکے ہے کہ حسین روتا ہے
ہو بناوٹ کا بھی رونا تو قلق ہوتا ہے

اچھا اب صاف صاف بتاؤ کہ تمہیں کس نے ستایا ہے؟"

شہزادی بولی "فلک نے، کہ چرخ اس کا تخلص ہے اور چال اس کی ٹیڑھی ہے اور روزِ ازل سے اسے نبادات، جمادات، چرند، پرند، سب سے خدا واسطے کا بیر ہے" اتنے میں انا نے پھر بلائیں لیں۔

حاتم بولا "فلک کو بدنام مت کرو۔ فساد کی جڑ بلکہ فساد کا تنا وہ سیاہ پوش ہے۔ مجھے معتبر ذرائع سے معلوم ہوا ہے کہ پرسوں اتوار کو وہ نابنجار تمہارا سامان بازار میں نیلام کر رہا ہے۔ میں انشاءاللہ ضرور اس کی خبر لوں گا۔ اور ہاں اپنی انا سے کہو کہ کچھ کام بھی کیا کرے، کیونکہ سوائے بلائیں لینے کے اور نصیحتیں کرنے کے اس نے عمر بھر کوئی کام نہیں کیا۔"

چنانچہ اتوار کو وہ موذی پکڑا گیا اور کیفرِ کردار کو پہنچا لیکن اس واقعے سے حاتم کا دل اس قدر کھٹا ہوا کہ اس کا عشق بھی اُڑنچھو ہو گیا۔ اس نے دل میں ٹھان لی کہ اب یہاں رہنا بیکار ہے، چلنے سے پہلے وہ در و دیوار، گلیاں، کوچے۔ سب سے لپٹ لپٹ کر ہنسا اور چل کھڑا ہوا۔ صحرا بہ صحرا، جنگل بہ جنگل، بگولے کی طرح منزلیں مارتا ہوا کہیں کا کہیں جا نکلا۔ ایک صبح اس کا گزر ایسے بیابان سے ہوا جو اسقدر

اُجاڑ تھا کہ وہاں اُلو بھی نہیں بستے۔ ایک جگہ کیا دیکھتا ہے کہ ایک دُبلا پتلا اور نحیف و نزار نوجوان بیٹھا پھوٹ پھوٹ رو رہا ہے اور بار بار یہ شعر زبان پر لاتا ہے ؎

عشق نے غالب نکما کر دیا

ورنہ ہم بھی آدمی تھے کام کے

یہ دیکھ کر حاتم کا دل بھر آیا اور وہ بھی دھاڑیں مار مار کر رونے لگا۔ جب دل کا غبار نکال چکا تو بولا "اے جوانِ رعنا! تو اس بیابان میں کہاں؟"

نوجوان نے ایک مرتبہ شعر پھر پڑھا اور بولا "اے راہ گیر! اپنی راہ لے، تجھ سے سینکڑوں آئے اور چلے گئے۔ ستائے ہوؤں کو کیوں ستاتا ہے؟ تجھ کو بھی محبت کہیں ایسا نہ بنا دے۔"

حاتم بولا "یار بڑا افسوس ہے۔ جہاں اتنوں کو اپنی کہانی سنائی ہے وہاں ہم نے کونسا گناہ کیا ہے جو ہمیں نہیں سناتا۔"

نوجوان پر اس تقریر کا بہت اثر ہوا۔ وہ سسکیاں لیتے ہوئے بولا "میں شہزادہ کباب شامی ہوں۔ ویسے صاحبِ دولت اور امیر کبیر ہوں لیکن اب بالکل حقیر ہوں۔ ایک ماہ رو کے پنجۂ زلف میں اسیر ہوں، لکیر کا فقیر ہوں۔"

حاتم بولا "وہ ماہ رو کہاں ہے؟ بوڑھی ہے یا جوان ہے؟ اور کس پہ مہربان ہے؟ ہمت نہ ہار ہرگز، جب تک کہ تن میں جان ہے۔"

یہ سن کر نوجوان نے کچھ اس طرح آہ و بکا شروع کی کہ پتھر منجمد ہونے شروع ہو

گئے۔ حاتم سے نہ رہا گیا۔ اور وہ اس سے گلے مل کر رونے لگا۔ جب دونوں خوب سیر ہو کر رو چکے تو نوجوان بولا "اس ماہ لقا زہرہ جبیں کا نام شہزادی غلام حسن بانو ہے۔ اس جیسا سنگدل نہ غالباً کوئی پیدا ہوا ہے، نہ انشا اللہ ہوگا۔ مجھ سے لاکھوں نوجوان اس نے گھائل کئے ہیں۔ جو جاتا ہے اس سے سات سوال پوچھتی ہے۔ وہ سوال اتنے مشکل ہیں کہ آج تک کوئی انہیں حل نہ کر سکا۔ یہی وہ غم ہے جسے میں گھن کی طرح کھائے جا رہا ہوں۔ نہ میں رات کو جاگ سکتا ہوں نہ دن کو سو سکتا ہوں۔ حق مغفرت کرے عجب آزاد مرد ہوں" یہ کہہ کر شہزادہ چکرایا۔

حاتم فوراً بولا "نہ نہ نہ بھئی، غش نہ کھانا۔ میں تیری مشکل حل کر دوں گا۔ تو مجھے شہزادی کا مفصل پتہ دے دے۔"

نوجوان اپنی زندگی میں پہلی مرتبہ مسکرایا۔ اس نے فوراً پتہ لکھوا دیا اور بولا۔ "میں تیرا منتظر رہوں گا۔ میں دن بھر تو صحرا میں آوارہ گردی کرتا ہوں، رات کو ابو بیزار بصری کی سرائے میں قیام کرتا ہوں۔ ملے میرے محسن تو مجھے وہیں ملیو۔ خدا کرے تو کامیاب ہو اور مجھے شربتِ دیدار نصیب ہو۔"

"اتنی دیر تو شربتِ روح افزا اور شربتِ فولاد ملا کر پیجو" حاتم بولا اور وہاں سے چل کھڑا ہوا۔

حاتم تھوڑی دور گیا ہوگا کہ اُسے ایک سفید براق شبیہہ نظر آئی۔ یہ سفید پوش بزرگ تھے۔ ان کے چہرے پر سفید بال نقاب کی طرح پڑے ہوئے تھے۔ انھوں نے دونوں ہاتھوں سے سر کے بال چہرے سے اٹھائے۔ حاتم کو بغور دیکھا، پہلے ہنس پڑے پھر رو دیئے۔

حاتم بزرگ کو دیکھ کر پہلے رو دیا پھر ہنس پڑا۔

حاتم نے سبب پوچھا۔ بزرگ بولے "میں ہنسا اس لیے کہ ایسا جوانِ دلیر و باصفا نظر آیا۔ اور رویا یوں کہ تُو خوامخواہ اپنا وقت ضائع کرتا پھر رہا ہے"

بزرگ نے سبب پوچھا۔ حاتم گویا ہوا "میں رویا اس لیے کہ آپ مجھے ڈانٹیں گے اور ہنسا یوں کہ میں جس کام کیلئے نکلا ہوں وہ ضرور کرلوں گا۔ ہرگز باز نہ آؤں گا۔"

سفید پوش بزرگ بولے "تیری مرضی۔ تُو ایک دن ضرور پچھتائے گا۔ اچھا اگر تجھے کہیں سُرخپوش بزرگ ملیں تو ہمارا ایک پیغام پہنچا دیجیو۔ ان سے کہیو کہ واہ بھئی واہ اچھے گئے، نہ خط نہ پتر، نہ کسی جن کے ہاتھ خیریت کی خبر ہی بھیجی۔ حاتم نے وعدہ کیا اور روانہ ہوا۔ راستے میں اس نے لاتعداد مخلوق کی مدد کی۔ ایک شخص ڈوب رہا تھا حاتم نے فوراً ایک تنکا پھینکا لیکن تنکا ڈوبتے ہوئے شخص تک نہ پہنچ سکا۔ حاتم نے خود چھلانگ لگائی۔ ابھی اس شخص تک پہنچا ہی تھا کہ کنارے پر ایک چیخ بلند ہوئی۔ حاتم اسے چھوڑ کر فوراً واپس لپکا اور دیکھا کہ ایک

دیکھا ایک شخص کی مرمت کر رہا ہے۔ حاتم اس شخص کی مدد کرنے ہی لگا تھا کہ جھاڑیوں سے ایک آہ سنائی دی۔ اور حاتم اس طرف متوجہ ہوا۔ غرضیکہ اسی طرح منزلیں طے کرتا ہوا شہزادی غلام حسن بانو کے شہر تک جا پہنچا۔ اپنا حلیہ درست کر کے محل کا رُخ کیا اور نقارے پر اس زور سے ضرب لگائی کہ سارا محل گونج اٹھا۔ ایک حبشی دوڑا دوڑا آیا اور سلام کر کے بولا "میں آپ کے لیے کیا کر سکتا ہوں؟"

حاتم نے اپنا مطلب بیان کیا۔

حبشی نے کہا "کیا نام بتایا آپ نے؟ حاتم تائی؟"

حاتم ضبط کرتے ہوئے بولا "تائی نہیں طائی ـــ طوائی۔"

حبشی نے پھر پوچھا "ت سے یا ط سے؟"

حاتم چیخ کر بولا ـــ "ط سے، طبلے کی ط سے۔"

حبشی نے اندر خبر پہنچائی۔ فوراً پردہ کرایا گیا اور حاتم کو اندر بلا لیا گیا۔ پردے کے دوسری طرف سے شہزادی کی آواز آئی "معاف کیجیے، پیشتر اس کے کہ باقاعدہ ساتوں سوال آپ کو بتائے جائیں، میں کچھ زبانی امتحان لینا چاہتی ہوں۔ کیا میں چند سوال آپ سے پوچھ سکتی ہوں؟"

حاتم نے کہا "بصد شوق پوچھیے۔"

شہزادی بولی "پہلا سوال یہ ہے کہ شطرنج میں اگر بادشاہ پر گھوڑے

سے شہ دی گئی ہو۔ وزیر مر چکا ہو۔ بادشاہ سے چھ خانے دور ایک پیدل ہو اور گھوڑے کے پیچھے ایک اور گھوڑا ہو، اس کی بغل میں ایک فیل ہو اور اس کے آگے رُخ۔ تو شہ کس طرح بچیں گے ؟"

حاتم بولا "اس کا جواب یہ ہے کہ نہ میں شطرنج کھیلتا ہوں، نہ مجھے اس سے کوئی دلچسپی ہے۔"

شہزادی کی آواز آئی "بہت خوب! دوسرا سوال یہ ہے کہ قیامت کے متعلق آپ کے کیا خیالات ہیں ؟"

حاتم بولا "پہلے قیامت دیکھ لوں پھر بتاؤں گا۔"

شہزادی بولی "بالکل درست! اچھا تیسرا سوال یہ ہے کہ اگر تین ہزار پانچ سو تین کو چھ ہزار تین سو دو سے ضرب دی جائے تو کیا آئے گا؟"

"آٹھ ہزار تین سو تین!" حاتم فوراً بولا۔

شہزادی بولی "اہرام مصر کا وزن کیا ہوگا ؟"

حاتم "تول کر بتایا جا سکتا ہے۔"

شہزادی "آپ زبانی امتحان میں کامیاب ہوئے۔ اب آپ کل پورے نو بجے یہاں تشریف لے آئیے تاکہ آپ سے اصلی سوال پوچھے جائیں۔"

اگلے روز حاتم اللہ کا نام لے کر محل میں پہنچا۔ وہاں اسے پورے نو بجے ایک پرچہ دیا گیا۔ پرچے پر مندرجہ ذیل عبارت مرقوم تھی:

پرچہ امتحان سالانہ حاتم طائی

سب سوال ضروری ہیں۔ وقت کی کوئی قید نہیں۔ نمبر خفیہ۔ نقل کرنے یا کسی سے پوچھنے کی سخت ممانعت ہے۔ اگر پکڑے گئے تو کمرۂ امتحان سے خارج کر دیئے جاؤ گے۔

۱۔ "ایک بار کھایا ہے، دوسری بار کھانے کی ہرگز ہوس نہیں ہے" سے کیا نتیجہ نکال سکتے ہو، بیان کرو۔

۲۔ "شادی کر اور دریا میں ڈال" کو صاف طور پر واضح کرو۔

۳۔ "کسی سے نیکی مت کر۔ اگر کریگا تو تیرے سامنے آئے گی" یہ بیان غلط ہے یا صحیح؟ اس پر روشنی ڈالو۔

۴۔ "مسخرے کو ہمیشہ راحت ہے" پر جواب مضمون لکھو۔

۵۔ کوہ ہمالیہ کی خبر لاؤ۔ کوہ سے ہوا آتی ہے، اس کی وجہ تسمیہ بیان کرو۔

۶۔ مندرجہ ذیل پر نوٹ لکھو۔

حمامِ بادگرد اور حجامِ آوارہ گرد۔

۷۔ پریکٹیکل امتحان۔ ایک موتی کے برابر انڈا لاؤ (موتی دکھا دیا جائے گا)۔

حاتم نے پرچہ بڑے غور سے پڑھا تاکہ سب سے آسان سوال پہلے شروع کرے

کئی مرتبہ پڑھنے کے بعد حاتم نے سوچا کہ موجودہ ترتیب درست ہے۔ چنانچہ وہ پہلے سوال کے جواب کی تلاش میں روانہ ہو گیا۔ دریاؤں اور سمندروں کو عبور کرتا ہوا کہیں کا کہیں جا نکلا۔ ایک جگہ کیا دیکھتا ہے کہ ایک فلک بوس مینار سامنے کھڑا ہے۔ حاتم نے جب مینار کی چوٹی کو نظر اٹھا کر دیکھا تو اس کی پگڑی گر پڑی۔

حاتم نے لاحول پڑھی، جیب سے آئینہ نکالا اور پگڑی باندھنے لگا۔ اتنے میں پریزادوں کا ایک غول گزرا۔ حاتم پگڑی اور آئینہ چھوڑ چھاڑ ان کے پیچھے پیچھے ہو لیا۔ بلکہ ان سب میں سے حسین ترین چہرہ منتخب کیا اور اس پر ہزار جان سے عاشق ہوا۔ ایک موڑ پر وہ نظروں سے اوجھل ہو گیا۔ حاتم دیوانہ وار چاروں طرف دوڑنے لگا۔ اتنے میں زور کا دھماکا ہوا۔ جب حاتم بغیر تخلص کے ہوش میں آیا تو کیا دیکھتا ہے کہ نہ مینار ہے نہ پریزاد۔ حاتم ایک شہر کے چوک میں ہے اور چاروں طرف اونٹ ہی اونٹ کھڑے ہیں۔ جگہ جگہ یہ عبارت آویزاں ہے: "اپنے اونٹ یہاں پارک کیجیے۔" ایک جگہ جلی الفاظ میں لکھا ہے "عرب میں اونٹوں کی چوریاں بڑھتی جا رہی ہیں لہٰذا اپنے اونٹ کو قفل لگائیے اور چابی اپنے پاس رکھیے۔" حاتم فوراً سمجھ گیا کہ وہ عرب میں ہے۔ وہ ایک اونٹ والے کی طرف بڑھا اور بولا "اونٹ خالی ہے؟"

"جی نہیں! یہ پرائیویٹ اونٹ ہے اور قاضی ابوالہول صاحب کا ہے۔" جواب ملا۔

حاتم نے دوسرا اونٹ کرایے پر لیا۔ جب سوار ہونے لگا تو اونٹ بولا "کیا آپ کا سفر واقعی ضروری ہے؟"

حاتم نے متعجب ہو کر کہا۔ "قسم ہے اُس پاک پروردگار کی جس نے اٹھارہ ہزار قسم کے جانور پیدا کیے، آج پہلی مرتبہ اونٹ بولا ہے!"

"فضول گفتگو سے پرہیز کیجیے۔" اونٹ نے کہا: میرے سوال کا جواب دیجیے"

"ہاں ضروری ہے۔" حاتم بولا۔

تس پہ اونٹ بولا۔ "تو بسم اللہ، دلِ ما روشن، چشمِ ما شاد، قدر ما دراز، شوق فرمائیے۔"

حاتم سوار ہوا۔ ابھی تھوڑی دور ہی گیا ہوگا کہ اونٹ والے نے صدا لگائی۔

"چلو بھئی ایک سواری جبل الشاعر کی!"

"دیوانہ ہوا ہے۔" حاتم نے جھلا کر کہا۔ "ہم نے سالم اونٹ کیا ہے۔"

"معاف کیجیے۔" ساربان بولا۔ "ویسے ہی منہ سے نکل گیا تھا۔"

شام ہو چکی تھی اور اندھیرا ہو چلا تھا۔ حاتم نے دیکھا کہ اونٹ کچھ ترچھا چلتا ہے۔ ٹھوکریں بھی کھاتا ہے۔ حاتم نے وجہ پوچھی تو ساربان نے کہا "صاحب اس کی بینائی کمزور ہے۔" حاتم کا دل بھر آیا۔ بولا۔ "آئے ہائے۔ تو پھر اس کی آنکھوں کا معائنہ کرا کے عینک کیوں نہیں لگوا دیتا۔"

"ایک مرتبہ لگوائی تھی لیکن اس کے چہرے کی بناوٹ ہی ایسی ہے کہ عینک ٹھہرتی نہیں پھسل جاتی ہے۔ ایک دفعہ دھوپ کا سیاہ چشمہ بھی خریدا تھا۔"

"تو پھر مقویِ بینائی اصل بغدادی سرمہ اس کی آنکھوں میں لگایا کر۔" حاتم نے مشورہ دیا۔

ابھی یہ باتیں ہو ہی رہی تھیں کہ سیٹی کی آواز سنائی دی۔ ایک سپاہی نے اونٹ کو ٹھہرا لیا اور اونٹ کا نمبر پوچھنے لگا۔ ساربان بولا۔ "میرا قصور؟"

سپاہی نے کہا۔ "ارے گیدی۔ بغیر روشنی کے اونٹ چلاتا ہے اور پھر قصور پوچھتا ہے۔ ٹھہر تو سہی، ابھی چالان کرتا ہوں۔"

حاتم نے سوچا کہ یہ غریب مفت میں مارا جائے گا چنانچہ اس نے فوراً جیب سے کچھ نکال کر دیا اور معاملہ رفع دفع ہو گیا۔

ساربان حاتم کی اس سخاوت پر اس قدر شاداں ہوا کہ گڑگڑا کر بولا۔ "اے میرے محسن، مجھے کاروبارِ لائقہ سے مطلع فرما۔"

حاتم بولا۔ "میں اس شخص کی تلاش میں ہوں جو یہ کہتا پھرتا ہے کہ ایک بار کھایا ہے دوسری بار کھانے کی ہرگز ہوس نہیں ہے۔"

ساربان بولا۔ "میرے خیال میں آپ ملک چین تشریف لے جائیے۔ وہاں کے باشندے عجب اوٹ پٹانگ چیزیں کھاتے ہیں۔ وہاں آپکو گوہر مقصود ملے گا۔"

چنانچہ حاتم نے چین کا رُخ کیا اور اس کی مراد بر آئی۔ وہ واپس شہزادی غلام حسن بانو کے محل پر پہنچا۔ وہاں اس نے زور سے نقارہ بجایا۔ پردہ گرا کے حاتم کو اندر بلایا گیا۔ شہزادی نے پردے کی اوٹ سے مزاج پوچھا، حاتم بولا "شکریہ! میں بالکل اچھا ہوں۔

فقط ذرا ساز کام ہے۔" اس کے بعد اپنی رام کہانی یوں سنائی۔

"میں چاپان میں آوارہ گردی کرتا رہا۔ آخر ایک روز ایک سرائے میں اترا۔ کھانے کے وقت نوکر ایک فہرست لایا۔ جس میں کھانوں کے نام درج تھے۔ میں چینی زبان بالکل نہ سمجھ سکتا تھا۔ لہٰذا میں نے ویسے ہی فہرست پر ایک جگہ انگلی رکھ دی اور اشارہ کیا کہ یہ لے آؤ۔ ذرا سی دیر میں وہ ایک قاب بھنے ہوئے گوشت کی لایا جس کو اس خاکسار نے بڑی رغبت سے کھایا لیکن سیر نہ ہوا۔ چنانچہ اشاروں میں کہا کہ اور لاؤ۔ وہ سمجھ نہ سکا۔ چونکہ میرے خیال میں وہ گوشت مرغ کا تھا اس لیے میں نے تنگ آ کر مرغ کی نقل اتاری اور کہا۔ "ککڑوں کوں!" اور ساتھ ہی قاب کی طرف اشارہ کیا۔ وہ پھر بھی نہ سمجھا۔ میں نے قاب کو چھوا اور پورے زور سے کہا "ککڑوں کوووں!" بس پہ اس نابکار نے قاب کی طرف اشارہ کیا اور بولا "نہ نہ ککڑوں کوں نہیں۔ بلکہ۔۔ میاؤں میاؤں۔ میاؤں میاؤں۔" اتنے میں ایک شخص نے جو سب کچھ دیکھ رہا تھا کہا "صاحب! آپ کو غلط فہمی ہوئی، یہ گوشت ککڑوں کوں کا نہیں تھا بلکہ میاؤں میاؤں کا تھا۔" اور میں وہاں سے سر پہ پاؤں رکھ کر ایسا بھاگا کہ پیچھے مڑ کر نہیں دیکھا۔ لہٰذا اے شہزادی! میں ہی وہ شخص ہوں جو نعرے لگاتا ہے کہ ایک بار کھایا ہے دوسری بار کھانے کی ہرگز ہوس نہیں ہے۔"

یہ کہہ کر حاتم نے ایسا فلک شگاف اور زمین دوز نعرہ لگایا کہ سارا محل تھر تھر کانپنے لگا۔ ابھی دوسرا نعرہ لگانے ہی لگا تھا کہ شہزادی کانوں میں انگلیاں دیکر بولی۔

"بس بس ٹھیک ہے۔ پہلا سوال تمام ہوا۔"

حاتم وہاں سے رخصت ہو کر شہزادہ کبابِ شامی سے ملا جو بدستور بھوں بھوں رو رہا تھا۔ اسے تسلی دیکر دوسرے سوال کے لیے نکل کھڑا ہوا۔

حاتم چلتا چلتا ایک ایسے اونچے پہاڑ کے دامن میں پہنچا جو آسمان سے باتیں کر رہا تھا۔ حاتم کچھ دیر کھڑا باتیں سنتا رہا پھر سستانے کے لیے ایک پتھر پر بیٹھ گیا۔ بیٹھا ہی تھا کہ پتھر زور سے گھوما اور حاتم کو چکر آگیا۔ جب ہوش آیا تو کیا دیکھتا ہے کہ چاروں طرف محفلِ رقص و سرود گرم ہے۔ ایک صاحب بلند آواز سے بولے۔ "یہ عرب ہے، ابھی آپ نے جناب عمر عیار صاحب کی ایک تقریر سنی تھی جس کا موضوع تھا: قرونِ وسطیٰ کے سماج میں اونٹوں کی اہمیت: اب زمرد پری صاحبہ بہاگ کا خیال شبھ بلمپت درباری تین تال کے میں ناچیں گی۔"

زمرد پری نے گانا شروع کیا۔ "چلو اے ری سکھی بیکانیر چلیں۔ جہاں پریم کی بنسی باجت ہے۔" حاتم اس گانے سے بہت متاثر ہوا۔

اس کے بعد — جانا حاتم کا بیکانیر اور سننا پریم کی بنسی کا۔

واپسی پر حاتم کا گزر ایسے بیابان سے ہوا جہاں ریت کے سوا کچھ نہ تھا۔ حاتم ٹی روز کا بھوکا پیاسا تھا۔ تھک کر بیٹھ گیا اور دعا مانگ کر سو گیا۔ خواب میں ایک

زرد پوش بزرگ نظر آئے اور حاتم سے مخاطب ہو کر بولے "اے مردِ مجاہد، داہنی طرف دس گز کے فاصلے پر ایک پھاوڑا دفن ہے اسے کھود کر نکال لے۔ پھر اس سے بائیں طرف زمین کھود۔ وہاں گرم مصالحہ، آٹا، تازہ سبزی، چولھا، دیا سلائی، لکڑیاں ــــ سب دفن ہیں۔ ان کو نکال کر اپنے استعمال میں لا۔ ویسے یہ سب کچھ دفن میں نے کیا تھا لیکن شکریہ تو بیشک خدا کا ادا کر دینا۔ جب کھانا تیار ہو چکے تو میرا انتظار کرنا۔ شاید میں تھوڑی دیر تک چکر لگا جاؤں۔"

حاتم نے سوچا کہ یہ عالمِ خواب ہے یا عالمِ بیداری۔ چنانچہ اس نے زور سے بزرگ کے چٹکی بھری۔ وہ چلا کر بولے "اف مار ڈالا! حاتم یہ کیا کرتا ہے؟"

حاتم نے مودبانہ عرض کیا "معاف فرمائیے۔ یہ دیکھنا چاہتا تھا کہ میں سو رہا ہوں یا جاگ رہا ہوں۔" بزرگ کچھ پیار بھرے بول سنانا چاہتا تھا کہ حاتم فوراً جاگ اٹھا۔ وہ اسی خواب کا منتظر تھا اور اسی کو دیکھنے کے لیے سویا تھا۔

حاتم ساری رات زمین کھودتا رہا لیکن کچھ بھی برآمد نہ ہوا۔ تب حاتم نے سوچا کہ وہ بزرگ زرد پوش تو یونہی کوئی بوگس بزرگ نکلے۔

اگلے روز حاتم کا غنچۂ تمنا کھل اٹھا اور اسے ایک ایسا شخص ملا جو بار بار کہتا تھا "شادی کرا اور دریا میں ڈال"۔ دریافت کرنے پر معلوم ہوا کہ اس شخص کی والدہ کو اپنے بیٹے کی شادی کا بہت چاؤ تھا۔ بڑی دھوم دھام سے شادی ہوئی لیکن اب والدہ خفا ہونے لگی کہ بیٹا زن مرید ہوتا جا رہا ہے۔ وہ بیٹے سے یہی کہتی کہ تو بیوی

کی طرفداری کرتا ہے۔ اُدھر بیوی بھی خفا ہے سنگی اور کہتی کہ تو اپنی والدہ کی طرفداری کرتا ہے معاملہ یہاں تک بڑھا کہ اس غریب کا دماغ چل گیا اور اب یہ چلاتا پھرتا ہے کہ شادی کر لو اور دریا میں ڈال۔ بہت سے نوجوان اس ہدایت پر عمل بھی کرتے ہیں۔ یہ سنکر حاتم تیر کی طرح واپس پہنچا اور محل کے دروازے پر اتنے زور سے ڈھول بجایا کہ سب جاگ اٹھے۔ حاتم اندر چلا گیا لیکن فوراً ہی باہر بھیج دیا گیا۔ اور جب باقاعدہ پردہ ہو چکا تب اس کی رسائی ہوئی۔

سارا قصہ سُن چکنے کے بعد شہزادی نے کہا "درست ہے۔"

اس کے بعد حاتم سیدھا شہزادہ کباب شامی کے پاس پہنچا جو بھوں بھوں رو رہا تھا۔ حاتم جھلا کر بولا "یار تو ہر وقت بھوں بھوں مت رویا کر، مجھے بڑی کوفت ہوتی ہے۔ رونے کی اور بھی کئی قسمیں ہیں!"

"مثلاً؟"

"مثلاً یہی کہ دھاڑیں مار مار کر رو لیا کر۔" اس کے بعد حاتم نے خوشخبری سنائی، اور رخصت چاہی۔

حاتم ذرا سی دور گیا ہو گا کہ ایک پری رُو کو دیکھ کر ہزار جان سے عاشق ہو گیا اور عقد کی خواہش ظاہر کی لیکن معلوم ہوا کہ ایک رقیب پہلے سے موجود ہے۔ حاتم اس سے جا کر ملا اور پوچھا "آپ اس پری رُو کو کس قدر چاہتے ہیں؟"

وہ رقیبِ روسیاہ بولا "جب سے میں نے اسے دیکھا ہے میں تو جان سے عاشق ہو گیا ہوں۔"

"اور یہ فقیر ہزار جان سے عاشق ہے!" حاتم نے فاتحانہ لہجے میں کہا۔ رقیب ایسا خاموش ہوا جیسے اس نے سانپ سونگھ لیا ہو۔ ایک طویل وقفے کے بعد بولا۔

"آپ جیتے اور میں ہارا۔ اب میں انشاء اللہ بہت جلد خودکشی کرونگا اور اس عالم جاودانی سے اُس عالم فانی کی طرف کوچ کر جاؤں گا۔ لیکن میں نے سنا ہے آپ کسی ضروری کام سے نکلے ہیں۔ اور کوئی آپ کا منتظر ہے۔ حیف ہے کہ انسان کس قدر خود غرض ہو جائے کہ دوسروں کو نظرانداز کر دے۔"

حاتم چونک پڑا اور اسے فوراً شہ [illegible] شامی یاد آگیا۔ وہ آنکھوں میں آنسو لا کر بولا۔

"اے مردِ باعصمت و باعفت و نیک خصلت! تیرا حق تجھی کو سونپا۔ تو جا اور اس عورتِ توانا، دلیر و باصفا و بامروت کو عقد میں لا اور مجھے اجازت دے۔"

چنانچہ اسی روز عاشق و معشوق کی بڑی دھوم دھام سے شادی خانہ بربادی ہوئی اور حاتم وہاں سے چل پڑا۔ آگے جا کر کیا دیکھتا ہے کہ ایک دیوانہ گریبان چاک کئے بال پریشان کئے صحرا میں پریشان پھرتا ہے۔ اور گھڑی دیکھ کر آدھ آدھ گھنٹے بعد چیخ کر کہتا ہے "کسی سے نیکی مت کر، اگر کریگا تو تیرے سامنے آئے گی!" حاتم نے باتوں باتوں میں وجہ پوچھی۔ دیوانے نے بتایا کہ میں

ایک بیحد عقلمند اور ضرورت سے زیادہ ذہین انسان تھا اور ایک بہت بڑی جائداد کا مالک تھا۔ شہر سے دور اپنے محل میں رہتا تھا۔ ایک روز صبح کیا دیکھتا ہوں کہ محل کے دروازے پر ایک کتّا زخمی پڑا ہے، مجھے ترس آگیا۔ زخم دھوکر مرہم پٹی کر دی۔ کتّا لنگڑاتا ہوا رخصت ہوا۔ دوسرے روز میری آنکھ کھلی تو دیکھتا ہوں کہ وہی کتا ایک اور زخمی کتّے کو لیے دروازے پر کھڑا ہے۔ میں بہت خوش ہوا۔ کتے کی ذہانت کی داد دی اور مرہم پٹی بھی کر دی۔ اگلے روز دیکھتا ہوں کہ چار زخمی کتّے میرے منتظر ہیں۔ اس سے اگلے روز آٹھ کتّے آئے اور اس سے اگلے روز سولہ کتے' اسی طرح یہ تعداد بڑھتی گئی حتیٰ کہ محل کے اندر اور باہر چاروں طرف کتّے ہی کتّے نظر آنے لگے۔ ایک روز میں اس قدر گھبرایا کہ سب کچھ چھوڑ چھاڑ کر بھاگ نکلا اور اب دنیا کو اس خطرے سے آگاہ کرتا رہتا ہوں کہ کسی سے نیکی مت کر۔ اگر کریگا تو تیرے سامنے آئے گی"۔ حاتم ہاتھ ملا کر روانہ ہوا اور شہزادی کو یہ قصہ سنایا۔ یہ جواب بھی صحیح قرار دیا گیا۔ حاتم شہزادہ کباب شامی سے ملا جو اس دفعہ دھاڑیں مار مار کر رو رہا تھا حاتم نے چمکارا اور تسلی دی، اگلے روز حاتم نے کمر خوب زور سے باندھی اور چل پڑا۔

حاتم چلتا چلتا ایک نہایت خوشنما باغ کے دروازے پر پہنچا، سوچا کہ آج

یہیں پڑاؤ ہوگا۔ ابھی ستا ہی رہا تھا کہ ایک خوش شمائل نازنین نظر آئی۔ حاتم کو ایسا موقع خدا دے۔ فوراً ہزار جان سے عاشق ہوگیا۔ نازنین بے حد خفا ہوئی۔ اور بولی کہ ابا جان سے کہہ دوں گی۔ حاتم نے سینے پر ہاتھ رکھ کر حسب توفیق کئی عشقیہ شعر پڑھے۔

لیکن اس نے ابا جان سے جا کر کہہ دیا جو جادوگروں کا استاد تھا۔ مگر حاتم اپنی اس ہٹ سے باز نہ آیا اور بدستور عاشق رہا۔ آخر کار جادوگر خود بنفسِ نفیس تشریف لایا۔ اور حاتم کو بغور دیکھ کر اپنے چیلے سے بولا "حاتم کو ایک غار میں بند کر کے اس کے منہ پر سنگِ خارا کی سِل رکھ دو۔"

"کس کے منہ پر؟ وضاحت فرمائی جائے۔" چیلا بولا۔

"غار کے منہ پر!" جادوگر بھنّا کر بولا۔

کئی روز تک حاتم غار میں بند رہا۔ جب باہر نکالا گیا تو بالکل چاق و چوبند تھا۔ اس کے بعد حاتم کو آگ پر جلانے کا پروگرام تھا لیکن اس پر کوئی اثر نہ ہوا۔ کیونکہ وہ "اسم حاتم" پڑھ کر اپنے اوپر دم کر لیتا تھا۔ آخر تنگ آ کر سمندر میں ڈبونے لگے۔ جب حاتم کو سمندر میں ڈبوتے تو سمندر کی سطح یک لخت اونچی ہو جاتی جب باہر نکالتے تو نیچی ہو جاتی۔ غرضیکہ اسی طرح کئی دنوں تک ہوتا رہا۔ آخر سب عاجز آ گئے، جادوگر بھی تھک گیا۔ حاتم کو خشکی پہ لا کر چھوڑ دیا گیا تو اس نے نعرہ لگایا ——— "پانی! پانی!!" چنانچہ اسے پانی پلایا گیا۔

اور حاتم وہیں جم کر بیٹھ گیا۔ جادوگر نے پوچھا "اب کیا ارادہ ہے؟"

حاتم بولا "بھوک ہڑتال کر رہا ہوں۔"

جادوگر تھر تھر کانپنے لگا اور گڑگڑا کر بولا "خدا کے لیے یہ نہ کرنا، ورنہ میں کہیں کا نہ رہوں گا۔ کیا تجھے اور کوئی کام نہیں؟"

یکایک حاتم کو اپنا کام یاد آگیا جس کے لیے وہ خاک چھانتا پھر رہا تھا۔ وہ فوراً جادوگر سے بغل گیر ہو کر رخصت ہوا۔ ایک عرصے تک سڑکیں ناپتا پھرا اور آخرکار جواب لے کر شہزادی کے پاس پہنچا اور اپنا قصہ یوں سنایا "میں ایک شفاخانے میں مقیم تھا کہ برابر کے کمرے سے دو آدمیوں کی بات چیت سنائی دی۔ میں نے جھانک کر دیکھا۔ ایک شخص قریب المرگ تھا اور بستر پر پڑا دم توڑ رہا تھا۔ دوسرا آدمی جو سو فیصدی مسخرا معلوم ہوتا تھا اس کے پاس بیٹھا تھا۔ گفتگو سے معلوم ہوا کہ دونوں کسی تجارت میں برابر کے حصہ دار ہیں۔

پہلا بولا "اے رفیقِ دیرینہ! مرتے وقت میں چند قصوروں کی معافی مانگنا چاہتا ہوں۔ میں گنہگار ہوں، دغاباز ہوں اور مکار ہوں۔ میں نے اس مشترکہ تجارت میں ایک لاکھ کا غبن کیا تھا۔ وہ جو ہر مہینے تجوری لوٹتی تھی اس میں میرا ہی ہاتھ تھا اور وہ جو گماشتوں کی ہر روز پٹائی ہوتی تھی وہ میرے اشارے پر ہوتی تھی۔ تمہارے گھر میں جتنی چوریاں ہوئیں سب میں نے کی تھیں۔ تمہارے جو سارے مویشی مر گئے تھے وہ میں نے ہی ——!"

دوسرا آدمی بات کاٹ کر بولا ــــ "یار چھوڑو بھی. تم تو ناحق رنج کرتے ہو۔ پر جو تمہیں زہر دیا گیا ہے یہ میں نے ہی تو دیا ہے۔" یہ کہہ کر وہ مسخرا مسکرانے لگا۔ پس اے شہزادی اس سے ثابت ہوا کہ مسخرے کو ہمیشہ راحت ہے۔

یہ سن کر شہزادی ہنستے ہنستے بیہوش ہو گئی۔ فوراً لخلخہ سنگھایا گیا، تب ہوش میں آئی۔ اور بولی ــــ "اگرچہ اس قصّے کا تعلق میرے سوال کے ساتھ کچھ اتنا نہیں ہے۔ تاہم میں اس جواب پر پورے نمبر دیتی ہوں۔ یہ نمبر خوشخطی کے سمجھ لیجئے۔"

حاتم نے شکریہ ادا کیا اور رخصت چاہی۔

اگلے چاند حاتم پھر شہزادی کی خدمت میں حاضر ہوا اور بولا "پانچویں سوال کا جواب حاضر ہے. کوہ ہمالیہ دنیا کا سب سے اونچا پہاڑ ہے اور ہندوستان کے شمال میں واقع ہے۔ جو ہوائیں بحیرہ عرب اور خلیج بنگال سے اٹھتی ہیں وہ بخارات سے لدی ہوئی کوہ ہمالیہ سے ٹکراتی ہیں اور خوب بارش ہوتی ہے۔ ہوا چلنے کی وجہ تسمیہ یہی ہے۔"

"مرحبا!" شہزادی پردے کی اوٹ سے بولی "بالکل صحیح جواب ہے۔"

دروازے پر حاتم کو حبشی غلام ملا۔ وہ مردِ سیاہ بولا "جان کی امان پاؤں

تو ایک سوال پوچھوں؟"

حاتم نے نہ صرف جان بخشی بلکہ سوال کی اجازت بھی دے دی۔ وہ مردِ نامعقول بولا "اس مرتبہ آپ جواب کہاں سے لائے؟ ہر روز تو میں آپ کو شہر میں دیکھتا تھا۔"

حاتم نے کہا "قسم کھاؤ کسی کو نہیں بتاؤ گے۔" حبشی نے قسم کھائی۔ حاتم بولا "میں کوہ ہمالیہ کہاں گیا تھا، یہ جواب جغرافیے کی کتاب سے پڑھ کر بتایا ہے۔"

یہ کہہ کر حاتم شہزادہ کباب شامی سے ملا جو اس مرتبہ پکھاڑیں مار مار کر رو رہا تھا۔ حاتم نے خوشخبری سنائی اور کہا "بھئی اب تو یہ رونا پیٹنا بند ہی کر دے تو اچھا ہو۔ میں تمہارا آتا ہوں اور تو اس طرح میرا استقبال کرتا ہے کہ میں بیزار ہو جاتا ہوں۔"

اگلے روز اتوار تھا اس لیے حاتم نے چھٹی منائی۔ حمام کیا۔ انواع و اقسام کے کھانے کھائے اور پیر کو چھٹے سوال کے لیے چل دیا۔ ابھی تھوڑی سی مسافت طے کی ہو گی کہ اسے روک لیا گیا۔

—— آنا ایک شہسوار کا ساتھ پیغام کے۔ اور روکنا حاتم کو۔ کہنا کہ شہزادی واپس بلاتی ہے کیونکہ حمام آوارہ گرد مل گیا ہے۔

حاتم واپس پہنچا تو شہزادی نے کہا "میں معافی چاہتی ہوں۔ حمام آوارہ گرد حمام بادگرد ہی میں مل گیا۔ اب آپ جلدی سے پریکٹیکل کیجئے۔ یہ امتحان بہت طویل

ہوتا جا رہا ہے۔" یہ کہہ کر شہزادی نے اپنی انا کے ہاتھ ایک بہت بڑا موتی بھیجا جسے حاتم نے اچھی طرح دیکھا اور پوچھا۔ "کیا میں اسے اپنے ساتھ لے جا سکتا ہوں تاکہ مجھے اتنا بڑا انڈا تلاش کرنے میں آسانی رہے۔"

شہزادی کچھ دیر سوچتی رہی پھر بولی۔ "میرے خیال میں آپ یہ موتی یہیں چھوڑ جائیے میں اس کے برابر ایک انڈا منگوائے دیتی ہوں اور آپ وہ ساتھ لے جائیے۔ اور خدارا یہ نہ سمجھئے کہ مجھے آپ پر اعتبار نہیں۔"

حاتم نے مسکرا کر کہا۔ "خیر! کوئی مضائقہ نہیں۔"

ذرا سی دیر میں موتی کے برابر انڈا حاتم کے حوالے کیا گیا۔ حاتم نے محل سے نکلتے ہی پہلا کام یہ کیا کہ انڈے کو اُبال لیا تاکہ خراب نہ ہونے پائے۔ پھر اس پر طرح طرح کے رنگ بکھیرے۔ اگلے چاند حاتم یہ انڈا لیکر محل میں پہنچا اور بولا۔ "یہ لیجئے! یہ انڈا مورکا ہے۔" شہزادی بولی۔ "آپ کا یہ جواب بھی ٹھیک ہے۔ کل آپ سے چند مزید زبانی سوالات پوچھے جائیں گے اور پرسوں نتیجہ سنا دیا جائے گا۔"

حاتم نے کہا۔ "لیکن آپ کو ذرا سی تبدیلی کرنی ہوگی۔ امیدوار کا نام بدلنا ہوگا۔ کیونکہ امیدوار میں نہیں ہوں، میرا دوست شہزادہ کباب شاہ ہے۔"

شہزادی بولی۔ "اچھا تو یہ بات ہے۔ مجھے پہلے ہی سے شبہ تھا۔ بھلا وہ کماتا کیا ہے؟"

حاتم نے بتایا۔ "بس شہزادہ ہے۔ کمانا دھانا کیا تھا۔ میں بھی تو شہزادہ ہی ہوں۔"

شہزادی بولی ۔" تو کیا ہوا ؟ نتیجے سے پہلے میں آپ سے یہی سوال کرتی کہ آپ کیا کماتے ہیں۔ امیدوار کو کسی اعلیٰ اور مستقل ملازمت میں ہونا چاہیئے ورنہ وہ بالکل ناکامیاب ہے۔" یہ سُن کر حاتم کا خون کھولنے لگا اور شوں شوں کی آواز آنے لگی۔ وہ اُٹھ کر واپس جانے لگا تو شہزادی بولی "یا وحشت! اب کیا ارادہ ہے؟" حاتم نے کہا۔ "اگر زندگی نے وفا کی تو انشاءاللہ اپنے دوست کے لیے اعلیٰ اور مستقل ملازمت تلاش کر کے دکھاؤں گا۔ آپ اس وقت تک نتیجہ شائع مت کیجیے۔" حاتم یہ کہہ کر چل دیا۔ راستے میں وہی سفید ریش بزرگ ملے۔ اُنھوں نے سفید بالوں کا نقاب چہرے سے اٹھایا اور بولے "حاتم کہاں جاتا ہے؟" حاتم نے قصہ سنایا۔ وہ بولے "دیوانہ ہوا ہے؟ عشق کا ملازمت سے کیا تعلق؟ حاتم بھلا تو اپنا وقت کیوں ضائع کرتا پھر رہا ہے۔ اس وقت تیرا شغل ہے عاشق ہونا اور کام ہے ڈنڈے بجانا۔ کیوں سچ ہے نا؟" اور حاتم نے سر ہلا کر جواب دیا "ہاں سچ ہے۔"

"اچھا تو جا اپنا کام کر۔ شہزادہ کباب شامی کو میں سنبھال لوں گا۔ کیا تو نے شہزادی کے ابا سے بھی بات چیت کی تھی؟" بزرگ نے پوچھا۔

"نہیں تو؟"

"لاحول ولا قوۃ! تو پھر تو نے اب تک کیا کیا ہے؟ بھلے مانس اس کے ابا سے مل کر سب طے کر لیتا۔ اور قضیہ ختم ہوتا۔ اچھا تو جا۔ آئندہ اپنا وقت ضائع نہ کرنا۔ تیرے دوست کا بندوبست میں کروں گا، وعدہ رہا۔"

"اس کے بعد آپ کا پروگرام کیا ہوگا؟" حاتم نے مؤدبانہ دریافت کیا۔
"اس کے بعد ارادہ ہے کہ بقیہ عمر لندن یا پیرس میں جا کر یادِ خدا میں بسر کر دوں۔"
بزرگ آنکھوں میں آنسو بھر کر بولے۔ حاتم نے ان کے ہاتھوں کو بوسہ دیا اور رخصت ہوا۔

اپنے ملک میں پہنچ کر حاتم بہت پریشان ہوا کہ ناحق اتنا وقت ضائع کیا اور مفت میں پریشان ہوا۔ اس نے سلطنت بھر میں ڈھنڈورا پٹوا دیا کہ آئندہ کوئی لڑکی اس قسم کے اوٹ پٹانگ سوال نہ کرے اور شادی کے سلسلے میں ہمیشہ لڑکی کے ابا سے بات چیت کی جائے اور جو لڑکے عاشق ہونا چاہیں وہ ضرور بضرور کسی اعلیٰ اور مستقل ملازمت میں ہوں ورنہ عاشق ہونے کی کوئی ضرورت نہیں ہے۔ سنا ہے کہ وہاں اب تک اس پر عمل کیا جاتا ہے۔

الحمدللہ کہ ایں نسخۂ لاجواب۔ یعنی قصۂ حاتم طائی بے تصویر بخیر و عافیت تمام شد۔ دروغ بر گردنِ دریائے راوی ☆

تحت الشعور اور لاشعور

تحت الشعور اور لاشعور ——— از حضرت فرید شعوری۔ چھاپنے والے بے شعور برادرز۔ قیمت درج نہیں ہے۔ تحت الشعور پر زور ڈالنا پڑتا ہے۔

یہ ایک ماہرِ نفسیات کی معرکتہ آلارا کتاب ہے۔ ملک کی خوش نصیبی ہے کہ اب فرید شعوری جیسے حضرات نے بھی کتابیں لکھنی شروع کر دی ہیں۔ فرید صاحب ابھی ابھی یورپ سے تشریف لائے ہیں۔ یورپ میں انھوں نے کئی سال ڈاکٹر سگنل فراڈ (DR. SIGNAL FRAUD) کے ساتھ کام کیا ہے۔ فرید صاحب کے نام میں بھی ایک زبردست راز مضمر ہے۔ پہلے ان کا نام کچھ اور تھا لیکن فراڈ صاحب کے ساتھ رہتے رہتے فرید ہو گیا۔

ہم نے اس کتاب پر تقریباً ڈیڑھ ماہ صرف کیا لیکن ہم کچھ بھی نہ سمجھ سکے۔ اتفاقاً ہماری نظر دیباچے پر پڑ گئی۔ قابل مصنف نے کتاب کی ترکیبِ استعمال دیباچے میں دے دی ہے۔ کتاب سمجھنے کے لیے اپنے تحت الشعور کو جگانا پڑتا ہے۔ اور اپنے تحت الشعور کو جگانا ایک طویل عمل ہے مصنف نے صاف صاف لکھی

ہے کہ ہر شخص کو قدرت نے ایک تحت الشعور اور ایک عدد لاشعور عطا کیا ہے۔ کئی بد قسمت انھیں کھو بیٹھتے ہیں۔ ایسوں کو کہیں سے تحت الشعور ادھار مانگنا پڑے گا ورنہ وہ کتاب ہرگز نہ سمجھ سکیں گے۔ خیر ہم نے کوشش کی اور اس کتاب کو سمجھنے میں ایک حد تک کامیاب ہو گئے۔

کتاب کا نصف حصّہ تو بے حد دلچسپ ہے۔ اس حصّے میں مصنف نے اپنے اور ڈاکٹر فراڈ کے حالات لکھے ہیں۔ چند ایک واقعات تو نہایت ہی پُر لطف ہیں۔ مثلاً ایک مرتبہ مصنف اور ڈاکٹر فراڈ صاحب دونوں آوارہ گردی کے سلسلے میں گرفتار کر لیے گئے۔ جب انہوں نے بیان دیتے وقت کہا کہ یہ دونوں اپنے تحت الشعور کو تازہ ہوا دینے نکلے تھے تو عدالت پر گھڑوں اور بالٹیوں پانی پڑ گیا۔

پھر ایک مرتبہ ان دونوں کو دھوکے اور غبن کے شُبے میں دھر لیا گیا جب ان کی تلاشی ہو رہی تھی تو یہ مسکرا کر بولے کہ قصور تو ہمارے لاشعور کا ہے۔ ہمارا نہیں۔ اور پولیس منہ دیکھتی رہ گئی۔

مصنف کی زندگی کے اکثر ناقابلِ فراموش لمحے اور پیاری گھڑیاں ڈاکٹر فراڈ کے ساتھ جیل میں گزری ہیں۔

کتاب کے دوسرے حصّے میں مصنف نے تحت الشعور کے معنے، اس کی اہمیت اور فوائد بتائے ہیں۔ کتاب لکھنے کا خیال مصنف کو یورپ میں آیا۔ کیونکہ وہاں تحت

الشعور کا رواج عام ہے۔

ایک مرتبہ مصنف اپنے ایک ڈاکٹر دوست کے پاس بیٹھا تھا کہ ایک معمر شخص اپنے لڑکے کو لایا اور بولا ــــــ "ڈاکٹر صاحب! ذرا اس بچے کو تو ملاحظہ فرمائیے۔ پچھلے سال یہ بھلا چنگا تھا۔ اب نہ جانے اسے کیا ہو گیا ہے۔ روز بروز اس کا تحت الشعور خراب ہوتا جا رہا ہے۔"

یہ سن کر مصنف کو ہندوستان کی حالت پر رونا آگیا اور وہ سچ مچ رو دیا۔ اُس روز اُس نے تہیہ کر لیا کہ وہ اس اہم مضمون پر ضرور کتاب لکھے گا چنانچہ اُس نے فوراً ایک کتاب لکھ دی۔

مصنف نے لکھا ہے کہ ہندوستان کے دن پھر رہے ہیں اور یہاں بھی آہستہ آہستہ تحت الشعور کا رواج ہوتا جا رہا ہے۔ آپ نے لاریوں پر لکھی ہوئی عبارت تو ضرور پڑھی ہوگی۔ جلی الفاظ میں درج ہوتا ہے ــــــ

"آگاہ اپنی موت سے کوئی بشر نہیں۔"

"لائی حیات آئے قضا لے چلی چلے۔"

"پھر ملیں گے اگر خدا لایا۔"

"خدا حافظ!" وغیرہ وغیرہ۔

دراصل یہ ایک نہایت ہی لطیف اشارہ ہے تاکہ مسافروں کے تحت الشعور میں یہ بات پہلے ہی بٹھا دی جائے کہ ڈرائیور کا ارادہ خطرناک ہے اور کچھ نہ کچھ ہو کر رہے گا۔

اسی طرح جب لوگ کسی مہمان کو رخصت کرتے وقت کہتے ہیں کہ "بسلامت روی و باز آئی" تو ان کے دل میں دراصل یہ ہوتا ہے کہ "تو سلامت رہے میں باز آیا۔"

سر جے. سی. بوس نے ثابت کیا تھا کہ نباتات میں بھی جان ہے اور پودے بھی ہماری طرح جیتے جاگتے ہیں۔ لیکن فریدہ صاحب نے جہاں انسانوں اور حیوانوں کے تحت الشعور پر تجربے کیے ہیں وہاں بے جان چیزوں کے تحت الشعور پر بھی دھاوا بول دیا ہے۔ اس میدان میں وہ سر بوس سے چند قدم آگے نکل گئے ہیں اسی سلسلے میں انہوں نے ایک ذاتی مشاہدہ قلمبند کیا ہے۔

ایک مرتبہ وہ فورٹ عباس سے واپس آنا چاہتے تھے۔ وہاں ایک ٹرین شام کو پہنچتی تھی۔ رات بھر کھڑی رہتی اور علی الصبح واپس روانہ ہوتی۔ اُس رات گاڑی بہت دیر سے آئی۔ کوئی ایک بجے کے قریب انجن کو فرصت ہوئی اور اُسے ایک طرف کھڑا کر دیا گیا۔ منہ اندھیرے ڈرائیور نے انجن کو تیار کیا اور پلیٹ فارم پر لے آیا جہاں گاڑی کھڑی تھی۔ پورے پانچ بجے گاڑی چل پڑی۔ اگلے سٹیشن پر رُکی تو چند مسافر ڈرائیور کے پاس آئے اور گڑگڑا کر بولے "بھیا بہاول نگر کی عدالت میں آج ہماری حاضری ہے۔ یہ رہے ہمارے ٹکٹ، ہم کچھ اور بھی دے دیں گے، ہمیں انجن میں بٹھا لے۔"

ڈرائیور نے مسکرا کر فائرمین کی طرف دیکھا اور بولا ——— "انجن میں بٹھا لوں؟

سبحان اللہ، یہ بھی ایک ہی رہی۔"

لیکن جب اُس نے دیکھا کر وہ سنتے ہی نہیں تو جھنجھلا کر بولا "کیا مصیبت ہے آخر تم لوگ گاڑی میں کیوں نہیں بیٹھتے۔؟"

مسافروں نے چلّا کر کہا —"کون سی گاڑی میں ؟"

"اس گاڑی میں —" ڈرائیور نے انجن کے پیچھے اشارہ کرتے ہوئے کہا۔ لیکن وہ بھونچکا رہ گیا۔ دیکھتا کیا ہے کہ گاڑی غائب ہے۔ گاڑی پچھلے سٹیشن پر رہ گئی تھی۔ انجن سیٹی دے کر اکیلا چلا آیا تھا۔ آخر ڈرائیور انجن لے کر واپس گیا اور گاڑی لایا۔

ذرا غور فرمائیے۔ اس میں انجن کے تحت الشعور کی ہلکی سی جھلک صاف دکھائی دے رہی ہے۔ گاڑی دیر سے آئی۔ انجن تھکا ہوا تھا۔ علی الصبح چپکے سے گاڑی کو چھوڑ کر بھاگ نکلا۔

ہمارے خیال میں انجن کی جگہ کوئی اور ہوتا تو وہ بھی یہی کرتا۔

مصنف نے چھٹے باب میں ایک اُود بلاؤ کے لاشعور کو نہایت چابکدستی سے بیان کیا ہے۔ ایک اور جگہ مصنف نے اپنی آپ بیتی لکھی ہے۔ مصنف نے ایک بندر خریدا، فرصت کے اوقات میں بندر اور مصنف خوب کھیلتے کودتے۔ اس کے بعد بندر کو محلے میں چھوڑ دیا جاتا کہ وہ پڑوسیوں سے بھی ملاقات کر سکے۔ ایک روز وہ دونوں کھیل رہے تھے کہ دفعتہً مصنف کو ایک ضروری کام یاد آگیا اور

اس نے جلدی سے بندر کو ساتھ والے کمرے میں بند کر کے قفل لگا دیا اور خود باہر چلا گیا۔

واپسی پر اُسے خیال آیا کہ دیکھیں تو سہی بندر کمرے میں کیا کر رہا ہے، چنانچہ آہستہ سے مصنف جھکا اور دروازے کے روزن کے پاس اپنی آنکھ لے گیا اور روزن میں دیکھنے لگا۔ روزن میں اسے ایک آنکھ دکھائی دی جو دوسری طرف سے دیکھ رہی تھی — بندر کی آنکھ! بندر دوسری طرف سے جھانک رہا تھا۔ جو شکوک مصنف کو بندر پر تھے وہی بندر کو مصنف پر نکلے۔ بندر کے تحت الشعور کی مثال اس سے بڑھ کر اور کیا دی جا سکتی ہے۔

جانوروں اور پرندوں کے بعد مصنف انسانوں کی طرف آتا ہے۔ انسانی شعور کو کئی طریقوں سے تقسیم کیا گیا ہے۔ سب سے آسان اور مشہور ڈاکٹر سگنل فراڈ کی تقسیم ہے۔ ہم قارئین کی دلچسپی کے لیے اس کا ذرا سا حصہ نقل کیے دیتے ہیں:—

شعور

بے شعور — باشعور — لاشعور — لے شعور

تحت الشعور — تحت الثراء — عبدالشکور

یہ شجرہ نسب آگے بہت دور تک گیا ہے۔ تحت الشعور کے بعد "تحت تحت الشعور" آتا ہے۔ اور اس کے بعد "تحت تحت تحت الشعور"۔ اسی طرح کئی صفحوں تک یہ سلسلہ چلتا ہے۔

مصنف نے بچوں کے شعور پر بے شمار تجربے کیے ہیں اور آخر میں وہ اس نتیجے پر پہنچا ہے کہ بچے گو دیکھنے میں کافی بیوقوف نظر آتے ہیں لیکن ان کے شعور کافی تیز ہیں۔

ایک بچے سے امتحان میں پوچھا گیا کہ خطِ استوا کے جنگلات کے چھ مشہور ترین جانوروں کے نام لکھو۔ بچہ جغرافیے میں کمزور تھا لیکن اس کا لاشعور بلا کا ہشیار تھا۔ چنانچہ بچے نے جواب لکھا۔ تین چیتے اور تین شیر۔

لاشعور نے بچے کی لاعلمی بھی چھپالی اور میزان بھی پورا کر دیا۔

اسی طرح ایک بچہ حساب کا ایک سوال حل کر رہا تھا۔ ہر مرتبہ جواب غلط آتا اور ایک آنے کی کمی رہ جاتی۔ ماسٹر صاحب چڑ گئے۔ بگڑ کر بولے "جب تک صحیح جواب نہیں نکالو گے چھٹی نہیں ملے گی۔" بچے کو بھوک لگ رہی تھی، اس نے دو مرتبہ اور کوشش کی لیکن جواب میں ایک آنے کی کمی بدستور رہی۔ آخر ایسے میں اس کا تحت الشعور آڑے آگیا۔ بچے نے جلدی سے جواب نکالا اور ایک آنہ جیب سے نکال کر سلیٹ پر رکھ دیا اور ماسٹر سے بولا "یہ لیجئے، یہ رہا وہ ایک آنہ اب مجھے چھٹی دے دیجئے۔"

ایک اور جگہ مصنف نے ایک بچے کے شعور کو واضح کیا ہے۔ ایک استاد نہایت خونخوار تھے۔ بچوں کو بے تحاشا مارتے تھے۔ ایک روز اُن کو سانپ نے کاٹ لیا اور وہ اللہ کو پیارے ہوئے۔

اس سلسلے پر ایک مجلس منعقد ہوئی ۔ پہلے استادوں نے ماتمی تقریریں کیں۔ اس کے بعد بچوں کا نمبر آیا۔ ایک بچے نے نہایت دردانگیز تقریر کی۔ مرحوم کی خوبیاں گنوائیں اور پھر حسرت آمیز لہجے میں بولا "نہایت ہی افسوس کی بات ہے کہ ماسٹر صاحب نے سانپ کو کاٹ کھایا ہے۔"

یہ ہم مانتے ہیں کہ اس نے جان بوجھ کر نہیں کہا۔ ویسے ہی منہ سے نکل گیا۔ لیکن یہ حقیقت ماننا پڑے گی بچے کے تحت الشعور میں یہ بات بیٹھ گئی تھی کہ ماسٹر صاحب کو دنیا کی کوئی چیز ایذا نہیں پہنچا سکتی اور وہ خود جسے چاہیں تباہ کر سکتے ہیں ۔

بچوں کے بعد نوجوانوں کا نمبر آتا ہے۔ مصنف کی رائے ہے کہ نوجوانوں کا لاشعور بچوں کے مقابلے میں قدرے گند ہے۔

مصنف نے ایک دلچسپ واقعہ بیان کیا ہے۔ ایک نوجوان دن بھر آوارہ گردی کرتا اور رات کو بڑی دیر سے آیا کرتا ۔ وہ دوسری منزل کے ایک کمرے میں رہتا تھا۔ کمرے میں جب تھکا ہارا پہنچتا تو پہلے اپنے دائیں پاؤں کا جوتا اتارتا اور دھڑام سے فرش پر دے مارتا۔ پھر بائیں پاؤں کا جوتا اسی طرح فرش پر پٹختا اور سو جاتا۔ نچلے کمرے میں ایک معمر شخص رہتا تھا جو رات گئے دیر تک اسی انتظار میں

بیٹھا رہتا کہ کب نوجوان آتا ہے اور جوتے پٹخ کر سوتا ہے۔ وہ نوجوان کے سونے کے بعد ہی سویا کرتا۔ آخر ایک روز اُس سے نہ رہا گیا۔ وہ نوجوان سے ملا اور بولا "جناب بدقسمتی سے آپکا فرش میری چھت ہے۔ میں آپ کے جوتوں کا انتظار کرتے کرتے تنگ آجاتا ہوں۔ آپ جوتے خاموشی سے کیوں نہیں اتارتے؟"

نوجوان نے معافی مانگی اور وعدہ کیا کہ آئندہ وہ اس صفائی سے جوتے اتارے گا کہ کسی کو کانوں کان خبر نہ ہوگی۔

اگلی رات وہ تھکا ہوا کمرے میں پہنچا۔ ایک جوتا اتارا اور دھڑام سے فرش پر دے مارا۔ یک لخت اسے اپنا وعدہ یاد آگیا۔ اس نے دوسرا جوتا بالکل آہستہ سے فرش پر رکھا اور سو گیا۔ صبح جب وہ نیچے اترا تو اُسے وہی معمر شخص ملا جس کی آنکھیں سوجی ہوئی اور سرخ تھیں۔ اس نے نوجوان کو بتایا کہ وہ رات بھر جاگتا رہا، اسی انتظار میں کہ دوسرا جوتا اب دھڑام سے گرا ــــ وہ رات بھر دوسرے جوتے کا انتظار کرتا رہا۔

اس سے صاف ظاہر ہے کہ وہ خود نہیں جاگا، کسی نامعلوم طاقت نے اسے بیدار رکھا۔ جسے وہ خود نہیں جانتا تھا۔ یہ اس کا تحت الشعور تھا یا لاشعور سمجھ لیجئے۔ــ ہم معافی چاہتے ہیں، کیونکہ ہم خود ان دونوں میں تمیز نہیں کر سکتے۔

مصنف نے کہیں کہیں پرانی باتیں بھی شامل کر لی ہیں لیکن چونکہ ان کا تعلق کتاب کے مضمون سے براہ راست ہے اس لیے ہم مصنف کو معاف کر سکتے ہیں۔ مثلاً

یہ واقعہ کافی پرانا ہے کہ ایک شخص کا خط بہت خراب تھا اور یہ بات اس کے شعور کی گہرائیوں میں پختہ ہو چکی تھی۔ کسی ملاقاتی نے اس سے سفارشی خط لکھوانا چاہا، وہ بولا "معاف فرمائیے۔ آج کل میرے گھٹنے میں درد ہے۔"

ملاقاتی نے پوچھا "حضرت، خط لکھنے کا گھٹنے سے کیا تعلق ہے؟"

یہ بولے "میرا خط اس قدر خراب ہے کہ جب کبھی لکھ کر بھیجتا ہوں تو اسے پڑھنے کے لیے بھی مجھے ہی بلایا جاتا ہے۔ میرا لکھا کوئی اور نہیں پڑھ سکتا۔"

دیکھا آپ نے، ہماری زندگی کے ذرا ذرا سے واقعات میں لاشعور کو کتنا دخل ہے!

منصف نے چند واقعات ڈاکٹر سگنل فراڈ کی سوانح عمری سے بھی نقل کیے ہیں۔ یہ سوانح عمری نہایت لاجواب چیز ہو گی۔ کاش کہ کوئی مترجم اسکا ترجمہ اردو میں کر دیں۔

جب ڈاکٹر موصوف تبت اور چین کی سرحد پر پہنچے تو ان کی شناسائی ایک ایسے کسان سے ہو گئی جو کئی سال سے یہ کوشش کر رہا تھا کہ اسکی زمین جو کہ عین سرحد پر تھی تبت سے علیحدہ کر کے چین میں شامل کر لی جائے۔ ایک روز اسے ایک اطلاع ملی کہ اس کی درخواست منظور ہو گئی ہے۔ وہ سیدھا فراڈ صاحب کے پاس آیا اور بولا۔ "خدا کا لاکھ لاکھ شکر ہے کہ اب میں چین میں آ گیا ہوں، ورنہ اس سال تبت کی شدید سردی تو مجھ سے ہرگز برداشت نہ ہوتی۔"

آپ غور کیجئے، یہ لاشعور بھی کیسی مفید چیز ہے۔ کسان کی زمین اپنی جگہ سے ایک انچ نہیں ہلی۔ لیکن پھر اس کی تسلی ہو گئی۔

فراڈ صاحب ایک روز ڈاکٹروں کی مجلس میں مدعو تھے۔ اتفاق سے وہاں ایک حیوانات کے ڈاکٹر بھی کہیں سے آ پہنچے۔ انسانی بیماریوں پر بحث ہو رہی تھی لیکن حیوانات کے ڈاکٹر بڑھ بڑھ کر بول رہے تھے۔ سب کو ناگوار محسوس ہوا۔ صدر صاحب یہ دخل در معقولات برداشت نہ کر سکے اور پوچھا" کیوں صاحب کیا یہ سچ ہے کہ آپ حیوانوں کے ڈاکٹر ہیں ؟"

وہ نہایت انکسار سے بولے" جی ہاں ! یہ بالکل درست ہے کہ میں حیوانوں کا ڈاکٹر ہوں۔ کیا آپ بیمار ہیں ؟"

اگر ہم اپنی زندگی کا بغور مطالعہ کریں تو بے شمار پوشیدہ اسرار آشکار ہو جائیں۔ ہماری اکثر حرکتیں لاشعوری طور پر سرزد ہوتی ہیں یعنی ان پر ہمارا کوئی قابو نہیں رہتا۔

فراڈ صاحب ایک دفعہ رات کو ایک سنسان علاقے میں سفر کر رہے تھے یکایک ریل کی کھڑکی سے انھوں نے چند پُر اسرار شبیہیں دیکھیں جو ایک الاؤ کے گرد بیٹھیں آگ تاپ رہی تھیں۔ فراڈ صاحب زیادہ بزدل نہیں ہیں پھر بھی انکی گھگھی بندھ گئی۔ اور کوئی ہوتا تو اپنے سفر کو جاری رکھتا اور اس واقعے کو بھول جاتا۔ لیکن فراڈ صاحب نے سوچا کہ اس میں ضرور کسی کے تحت الشعور کا ہاتھ ہے چنانچہ اگلے سٹیشن پہ اتر گئے اور پیدل واپس چل کر موقع پر پہنچے۔ وہاں کیا دیکھتے ہیں کہ چھ نہایت

معزز حضرات تولئے باندھے آگ کے گرد بیٹھے اپنے پنجے سکھا رہے ہیں۔

دریافت کرنے پر معلوم ہوا کہ یہ پچھلی ٹرین کے مسافر تھے اور اگلے سٹیشن پر اترنا چاہتے تھے۔ ایک سٹیشن پہلے ہی انہوں نے اُترنے کی تیاری شروع کر دی۔ اُن کے پاس سامان زیادہ نہیں تھا۔ فقط ہلکے پھلکے بیگ تھے۔ گاڑی کی رفتار ہلکی ہوئی اور یہ اُٹھ کھڑے ہوئے۔ گاڑی رُکی، ایک صاحب نے بیگ سنبھالا۔ دروازہ کھولکر رات کی تاریکی میں آہستہ سے پلیٹ فارم پر اتر گئے۔ ان کے بعد دوسرے نے بالکل یہی کیا تیسرا، چوتھا، غرضیکہ چھ کے چھ نیچے اتر گئے۔

اُدھر اتفاق سے سگنل نہیں ہوا تھا اور گاڑی سٹیشن کے باہر ٹھہر گئی۔ وہ ڈبہ ایک پُل پر رُکا جس کے نیچے ندی بہہ رہی تھی۔

اندھیرے میں جو کچھ ہوا وہ صاف ظاہر ہے۔ وہ سب کے سب پلیٹ فارم پر اترنے کی بجائے سیدھے ندی میں جا گرے۔

فرائڈ صاحب نے فوراً اس واقعہ کو قلمبند کرلیا۔ جب گاڑی رُکتی ہے تو ہم یہی سمجھتے ہیں کہ پلیٹ فارم آگیا ہے۔ چنانچہ یہ ایک لاشعوری حرکت تھی جو تحت الشعور کے زیرِ تحت ہوئی تھی۔

ہمارا جی چاہتا ہے کہ ہم اس کتاب سے کچھ اور واقعات نقل کریں لیکن کاغذ کی قلت اس کی اجازت نہیں دیتی۔ آخر میں ہم صرف ایک حادثہ اور نقل کریں گے۔ یہ خود مصنف کے ساتھ پیش آیا۔ مصنف سیر و سیاحت کے سلسلے میں ایک محل نما مکان

میں ٹھہرے۔ جو کمرہ انھیں سونے کے لیے دیا گیا اس کے متعلق مشہور تھا کہ وہاں کوئی جن رہتا ہے۔ چند قصے مصنف نے اور بھی سُنے لیکن کوئی قصہ ایسا نہ تھا جو مصنف کے تحت الشعور پر اثر کر سکتا۔ چنانچہ انھوں نے کوئی پرواہ نہ کی۔ رات کے کھانے کے بعد جب ملازم مصنف کو اس کمرے میں لیجا رہا تھا تو مصنف نے پوچھا۔

"کیوں بھئی اس کمرے میں کبھی کوئی عجیب واقعہ بھی ہوا ہے؟"

ملازم بولا ـــ "جی ہاں! آج سے بیس سال پہلے ایک نہایت ہی عجیب و غریب واقعہ ہوا تھا۔"

"وہ کیا تھا؟" مصنف نے اطمینان کا سانس لیتے ہوئے کہا۔

"یہی کہ ایک شخص جو رات کو اس کمرے میں سویا تھا دوسرے روز صبح کو زندہ پایا گیا۔" اور مصنف غش کھا گئے۔

یہ بات ہی ایسی تھی جو مصنف کے تحت الشعور پر تیر کی طرح لگی۔

خود ہمیں ایک قصہ یاد آگیا۔ ایک مولانا تقریر کر کے آرہے تھے۔ انھیں ایک صاحب سے ملایا گیا جس کی پتلون ذرا چھوٹی تھی اور ٹخنوں سے اونچی تھی۔ مولانا نے پتلون کو دیکھا اور چہک کر بولے: "مجھے یہ دیکھ کر بڑی خوشی ہوئی ہے کہ آپ نے شرعی پتلون پہن رکھی ہے۔"

ہم اس فقرے کو اور خصوصاً "شرعی پتلون" کی ترکیب کو قطعی نہ سمجھ سکے۔ لیکن اس کتاب کے مطالعے نے ہماری آنکھیں کھول دی ہیں۔ اب ہمارے سامنے چودہ طبق

روشن ہیں۔ اب ہم وثوق سے کہہ سکتے ہیں کہ مولانا کے تحت الشعور میں شرٹ بسی ہوئی تھی۔ ورنہ کُجا شرٹ اور کُجا پتلون؟

کتاب کے ہر صفحے پر تحت الشعور کا لفظ دس دس مرتبہ آتا ہے جو اس امر کی وکالت کرتا ہے کہ کتاب بے حد مفید اور دلچسپ ہے۔

کتاب کی عبارت نہایت ہی آسان اور عام فہم ہے۔ بچے بھی بخوبی سمجھ سکیں گے۔ مثال کے طور پر چند سطریں ملاحظہ ہوں:۔

> فکری ابہام اور چیز ہے اور ریاضیاتی استدلال اور چیز۔ بعض اوقات تشکّلی فضا میں حسّی بیداری اور حسّی تصورات ایک دوسرے پر منطبق ہو جاتے ہیں۔ یہ امرِ غیر اغلب ہے کہ یہ منطبقیت قابلِ اسناد ہو، تاہم نفسیاتی زاویۂ نگاہ سے یہ معنوی ربط اور شعوری تحقیق ہماری توجہ حواسِ خارجی کی جانب مبذول کراتے ہیں اور ہم خارجی عمل اور عمقِ نفس کی پیچیدگیوں میں غلطاں ہو جاتے ہیں۔ ہم اسے ترکیبِ نفسی پر محمول کریں یا ترغیبِ نفسی پر، لیکن ترتیبِ لاشعوری ہمیں اس عبوری دور میں فرار پر مجبور کر دیتی ہے اور قلبِ مروح میں ایک انتشاری کیفیت و ہیجان بپا کر دیتی ہے ــــــ"

آخر میں مصنف نے ایک مرتبہ پھر شعور کی اہمیت جتائی ہے۔ اب اسے ذرے ذرے میں تحت الشعور کی کرشمہ آرائیاں نظر آتی ہیں۔ اس کا خیال ہے کہ دنیا میں جتنے دنگے فساد ہوتے ہیں، جتنی شرارتیں ہوتی ہیں، جتنے جرائم ہوتے ہیں سب میں تحت الشعور کا ہاتھ ہے۔ اگر حامد محمود کی گائے چرا تا ہے تو اس میں حامد کا تحت الشعور ناقص ہے یا محمود کا۔ اور اگر ان دونوں کا نہیں تو پھر لازمی طور پر گائے کے تحت الشعور میں خلل ہے۔

منصف نے شعور کے حق میں صدائے احتجاج بلند کی ہے اور اس بات پر زور دیا ہے کہ ہندوستان میں تحت الشعور کو سر آنکھوں پر بٹھایا جائے۔ اس پر آزاد نظمیں کہی جائیں۔ اور بھی زیادہ افسانے لکھے جائیں۔ اسے باقاعدہ تحریک بنا کر اس پر تقریریں ہوں۔ تحت الشعور کے نقص کو مرض قرار دیا جائے۔ سب طبی کتابوں میں اس کا ذکر ہو۔ اس مرض کا علاج دریافت کیا جائے۔ درخواستوں میں جہاں امیدوار اپنی عمر، قد اور بینائی وغیرہ کی سرخیاں پر کرتے ہیں وہاں ایک سرخی تحت الشعور کی بھی ہو۔

جس روز ہندوستان میں باپ اپنے بچوں کو ماہرین تحت الشعور کے پاس شعور کی خرابی کی بنا پر لانے لگیں گے اس روز مصنف کے خواب شرمندۂ تعبیر ہو جائیں گے۔

مصنف نے لکھا ہے کہ وہ بہت جلد "خواب اور تحت الشعور" کے نام سے ایک کتاب لکھنے والے ہیں۔ غالباً اسی لیے وہ آج کل دن کو بھی خواب دیکھ رہے ہیں۔ بہرحال ہمیں اس کتاب سے عبرت حاصل کرنی چاہیے اور اسے ضرور پڑھنا چاہیے۔ ہم اس کتاب کی پُرزور سفارش تو نہیں کرتے لیکن امید کرتے ہیں کہ ترقی پسند حلقوں میں یہ بے حد مقبول ہوگی۔

ہدائیت نامہ طلباء

پیارے بچو! آؤ ہم تمہیں چند مفید ہدائتیں دیں۔ ہم خود ایک عرصے تک طالب علم رہ چکے ہیں لیکن ہمیں کسی نے ایسی بیش قیمت باتیں نہیں بتائیں۔ اسی لیے ہم نے امتحانوں میں کوئی خاص تیر نہیں مارے۔ بس پاس ہو جایا کرتے تھے۔ بچو! اسے اپنی خوش نصیبی سمجھو کہ آج ہم تمھیں اپنے کئی سالہ تجربے کا نچوڑ بتا رہے ہیں۔ نہ نہ شکریہ ادا کرنے کی ضرورت نہیں۔

پہلی بات جو تمہیں ہمیشہ یاد رکھنی چاہیئے یہ ہے کہ ممتحن تمہارے پرچے کو حفظ کرنے کی نیت سے کبھی نہیں پڑھتا۔ اسے بالکل فرصت نہیں ہے کہ وہ ایک ایک لفظ کا مطالعہ کرے۔ اگر فرصت ہو بھی تو ایک ہی جیسے اور ایک ہی مضمون کے پرچے بار بار پڑھ کر وہ اُکتا جاتا ہے۔ پہلے وہ خوش خطی کا جائزہ لیتا ہے۔ شروع کی چند سطریں پڑھتا ہے اور ساری عبارت پر ہائی جمپ کرتا ہوا آخری سطروں تک پہنچ جاتا ہے۔ انہیں بغور پڑھ کر نمبر لگا دیتا ہے۔

دوسری بات یہ ہے کہ ممتحن صرف وہ باتیں تم سے پوچھے گا جو تمہیں نہ آتی ہوں۔

جو کچھ تمہیں آتا ہے وہ ہرگز نہیں پوچھے گا۔

پہلے یہ دو سنہری نصیحتیں اپنی گرہ سے مضبوط باندھ لو۔ باندھ لیں؟۔

اچھا! اب آگے چلتے ہیں۔

ایک دفعہ ہم امتحان دے رہے تھے۔ اردو کا پرچہ تھا۔ پہلے سوال میں یہ رباعی تھی۔

گلشن میں پھروں کہ سیرِ صحرا دیکھوں
یا معدن کوہ و دشت و دریا دیکھوں
ہر جا تری قدرت کے ہیں لاکھوں جلوے
حیراں ہوں کہ دو آنکھوں سے کیا کیا دیکھوں

رباعی بالکل آسان تھی اور ہم بہت خوش ہوئے۔ لیکن آگے جو پڑھتے ہیں تو مندرجہ ذیل سوال پوچھے گئے تھے۔

(۱) شاعر کس سے مخاطب ہے اور کیوں مخاطب ہے؟ شاعر حیران کیوں ہے؟

(۲) سیرِ صحرا دیکھوں، صحیح ہے یا غلط؟ اس کی جگہ سیرِ صحرا کروں، کیسا رہتا؟

(۳) معدن کوہ و دشت و دریا کس علاقے میں کثرت سے پائے جاتے ہیں؟

(۴) "آنکھوں سے کیا کیا دیکھوں" کی پہلے گردان کرو، پھر اسے ماضی استمراری اور ماضی مجہول میں تبدیل کر کے ترکیب نحوی و صرفی کرو۔

(۵) شاعر انیس کی مفصل سوانح عمری لکھو۔ اس کی شاعری کی خصوصیات پر روشنی ڈالو۔

یہ پڑھ کر ہمارا ایسا جی چاہا کہ —— اچھا جانے دو اب کہنے سے کیا فائدہ؟

بچو! ایسے ہی سوالات ممتحن اکثر پوچھتے ہیں۔ اس پر خفا ہونے یا گھبرانے کی کوئی ضرورت نہیں۔ یہ اُن کی عادت ہے۔

اب ہم چند مضامین کو باری باری لیں گے اور ہدایتیں دیں گے۔

جغرافیہ:۔

بچو! جغرافیہ دو قسم کا ہوتا ہے۔ طبعی اور غیر طبعی۔

طبعی جغرافیے میں یہ ثابت کرنے کی کوشش کی جاتی ہے کہ زمین گول ہے۔ اس کا ثبوت یہ ہے کہ اگر ایک آدمی اپنی ناک کی سیدھ میں چل پڑے اور دیواروں اور چھتوں کو پھاندتا ہوا لوگوں کے گھروں میں سے گزرتا ہوا سیدھا چلتا جائے تو وہ بہت جلد اُسی جگہ بھیج دیا جائے گا جہاں سے وہ روانہ ہوا تھا۔

ایک نظامِ شمسی بھی ہوتا ہے۔ جس میں سورج اپنے گرد گھومتا ہے۔ زمین سورج کے گرد گھومتی ہے۔ چاند زمین کے گرد گھومتا ہے۔ لیکن چاند غریب کے گرد کچھ بھی نہیں گھومتا۔ ہمیں چاند سے ہمدردی ہے۔ سارے ستارے چمکتے ہیں اور سیارے سیر کرتے رہتے ہیں۔ ویسے نظامِ شمسی کے سارے ممبر صبح سے شام تک کچھ کام نہیں کرتے۔ اِدھر اُدھر آوارہ گردی کرتے رہتے ہیں۔ افواہ ہے کہ اُن کے گھومنے سے موسم بدلتے ہیں لیکن ہمارا خیال ہے کہ جب خنکی بڑھ جائے تو سردی کا موسم آجاتا ہے اور جب دھوپ تیز ہو جائے تو گرمیاں شروع ہو جاتی ہیں —— یہ طبعی جغرافیہ ہے۔

غیر طبعی جغرافیے میں بر اعظم وغیرہ ہوتے ہیں (یاد رہے کہ بر اعظم کا سکندر اعظم سے کوئی تعلق نہیں)۔ کئی بچے محل وقوع اور حدود اربعہ کو آپس میں غلط ملط کر دیتے ہیں۔ کتنی افسوسناک بات ہے (اگرچہ ہمیں بھی اس میں کچھ شبہ سا ہے) کئی بچے جزیرہ نما کو قطب نما سمجھتے ہیں۔ حالانکہ جزیرہ نما وہ چیز ہے جو کچھ کچھ جزیرہ سا ہو (جیسے بندر نما) یعنی خشکی کا وہ قطعہ جو چاروں طرف پانی سے گھرا ہو اور ایک طرف خشکی سے۔

ایک بچے کو ہم نے جزیرے کی تعریف کرتے سنا — "جزیرہ پانی کا وہ قطعہ ہے جو چاروں طرف پانی سے گھرا ہوا ہو" — یہ بالکل غلط ہے۔

پیداوار — بلا کھٹکے لکھ دو۔ مکئی، جوار، باجرہ، نیشکر اور پوست کی کاشت ہوتی ہے کہیں کہیں گیہوں اور امرود کاشت کئے جاتے ہیں۔ زرخیز حصوں میں چاول اور تربوز پیدا ہوتے ہیں اور یہ سب کچھ دساور بھیجا جاتا ہے۔ سمجھ لو کہ جو چیز کاشت کی جائے گی زمیندار اس کو ہرگز استعمال نہیں کریں گے وہ سیدھی دساور کو بھیج دی جائے گی۔ (نوٹ: دساور کسی شہر کا نام نہیں ہے)۔

آب و ہوا — یاد رکھو کہ آب و ہوا مستقل چیز ہے اور موسم عارضی لکھو کہ گرمیوں میں کافی گرمی پڑتی ہے کبھی کبھی بارش کا چھینٹا پڑ جاتا ہے تو موسم قدرے خوشگوار ہو جاتا ہے سردیوں میں کافی سردی پڑتی ہے لیکن کبھی کبھار اتنی سردی نہیں ہوتی۔ بارش کے موسم میں خوب بارش ہوتی ہے۔

بارشیں — ہندوستان میں ہوائیں ہمیشہ کیرہ سرب سے اٹھتی ہیں بعض

حضرات نے دوچار ہوائیں خلیج بنگال سے بھی اُٹھتی دیکھی ہیں۔ یہ ہوائیں بخارات (بخار کی جمع ہے) سے لدی ہوئی آتی ہیں۔ اس لیے کافی گرم ہوتی ہیں۔ اُدھر اُٹھتے ہی یہ سیدھی کوہ ہمالیہ کا رخ کرتی ہیں۔ اُدھر کوہ ہمالیہ بھی منتظر رہتا ہے۔ نتیجہ یہ ہوتا ہے کہ زور کی ٹکر ہوتی ہے اور موسلا دھار مینہ برستا ہے جس سے دریا پیدا ہوتے ہیں۔ جو نہروں کی معرفت ملک میں آبپاشی کرتے ہیں اور پہاڑ کی مٹی بہا کر ساتھ لاتے ہیں اور میدانوں میں بچھاتے رہتے ہیں۔ تاکہ میدان پہاڑ بننے شروع ہوجائیں اور پہاڑ گھس گھس کر میدان رہ جائیں۔

تجارتی ہوائیں ـــــ یہ بڑی کارآمد ہوائیں ہیں۔ تجارت کے سلسلے میں تاجر جس سمت جانا چاہیں یہ فوراً اُسی سمت میں چلنے لگتی ہیں۔

ساحل ـــــ وہاں سے شروع ہوتا جہاں سمندر ختم ہوجائے۔ سب سے زیادہ مفید ساحل وہ ہے جو کٹا پھٹا اور خستہ حالت میں ہو۔ کہتے ہیں کہ ایسا ساحل جہازرانی میں خوب مدد دیتا ہے (تعجب ہے کہ لوگ پھاوڑے لے کر سارے ساحل کٹے پھٹے کیوں نہیں بنا دیتے)۔

لوگ ـــــ عموماً چراگاہوں میں بھیڑ بکریاں پال کر گزارا کرتے ہیں۔ یا کھیتی باڑی کرتے ہیں۔ جغرافیے میں یہ فرض کرلیا جاتا ہے کہ دفتروں اور کارخانوں میں آدمی کام نہیں کرتے۔

چرند اور پرند ـــــ اس کا جواب مفصل دو۔ جتنے جانور اور پرندے یاد ہیں

ان سب کے نام لکھ دو (اگر ہو سکے تو ان کی تصویریں بھی بنا دو) ۔ نیچے نوٹ لکھ دو کہ اُس ملک میں جو جو چرند اور پرند نہیں پائے جاتے اور فہرست میں زائد ہیں اُن کے نام کاٹ دیئے جائیں ۔

تاریخ :۔

پیارے بچو ! بادشاہ دو قسم کے ہوتے ہیں ۔ معمولی اور اعظم ۔ مثلاً اشوک اعظم، سکندر اعظم، قلندر اعظم، چقندر اعظم وغیرہ وغیرہ ۔

یہ یاد رکھو کہ ہر اعظم کے عہد میں ایک سفیر باہر سے آتا ہے جو ہندوستان میں کئی سال رہتا ہے اور واپس جانے کا نام نہیں لیتا ۔ بڑی مشکلوں سے واپس بھیجا جاتا ہے ۔ اپنے ملک میں پہنچتے ہی وہ ایک سفر نامہ لکھتا ہے ۔ جس میں ہندوستان کی خوب تعریفیں کرتا ہے ۔ لکھتا ہے کہ گیہوں دو پیسے من ہیں ۔ چنے ایک پیسہ من اور گھی مفت تقسیم ہوتا ہے ۔ جوار باجرہ لوگ منتیں کر کر کے خریداروں کو مفت دیتے ہیں اور لوگ اس قدر ایمان دار ہیں کہ اپنے مکانوں میں قفل نہیں لگاتے ، یہاں تک کہ بعض لوگ تو اپنا سارا سامان گلیوں میں رکھ دیتے ہیں !

اب رہا سنہ کا قضیہ ، سو ہمیں سنہ نہ کبھی پسند تھے اور نہ ہیں ۔ یہ کہاں کا انصاف ہے کہ طلبا سے وہ باتیں پوچھی جاتی ہیں جو ان کی پیدائش سے کہیں پہلے واقعہ ہوئی تھی ۔

ممتحن ہمیں نہیں کرتے بلکہ ساتھ ہی مہینہ تاریخ اور وقت بھی پوچھتے ہیں ۔

اس لیے بحوالہ سنہ کا استعمال ہرگز مت کرو۔ اگر تم نے کہیں غلط سنہ لکھ دیا تو ممتحن صاحب ناراض ہو جائیں گے، کیونکہ ان کے پاس پرچہ دیکھتے وقت تاریخ کی کتاب ہوتی ہے (اگرچہ سنہ وغیرہ تو ان کو بھی ایسے ہی یاد ہوتے ہیں)۔

قبل از مسیح کے واقعات پر زیادہ یقین نہ کرو۔ یہ سب سنی سنائی باتیں ہیں۔ تین چار ہزار سال پہلے کی باتوں پر تو بالکل اعتبار نہ کرو۔ کیونکہ اب تک صرف ۱۹۴۲ سال گزرے ہیں۔ بادشاہوں کے متعلق صفحے سیاہ کرنے سے پہلے تمہیں ایک بات ضرور معلوم ہونی چاہیئے کہ وہ بادشاہ اچھا تھا یا برا۔ مثلاً اگر تم چندر گپت کو برا کہہ دو یا اکبر کے خلاف کچھ لکھ دو تو بخوبی اندازہ لگا سکتے ہو کہ تمہیں کتنے نمبر ملیں گے۔ اگر بادشاہ اچھا تھا تو یہ فارمولا استعمال کرو۔

لکھو ــــــ بادشاہ خود نہایت دلیر، خوبصورت، باہمت، عقلمند، شہسوار، سخی اور رحمدل تھا۔ شیروں کا شکار اکثر کرتا تھا، شمشیر زنی کا ماہر تھا۔

پالیسی ــــــ پالیسی بھی کئی قسم کی ہوتی ہے اندرونی، بیرونی، خارجی، داخلی، ملکی، غیر ملکی وغیرہ۔ لکھ دو کہ سب پالیسیاں نہایت ہی اعلیٰ اور لاجواب تھیں۔ رعایا نے سب کو پسند کیا۔

وزراء ــــــ اچھے بادشاہوں کے وزراء بھی بیدار مغز، محنتی اور ایماندار ہوتے ہیں۔ آخر صحبت کا اثر ہے۔

سیاسی خوبیاں ــــــ آس پاس کے ملکوں سے رابطۂ اتحاد قائم کیا۔ دشمنوں کو

کبھی پیار سے رہنے کیا، کبھی تلوار سے، کبھی دونوں سے۔ نئے نئے قوانین بنائے۔ نئی نئی اصلاحات نافذ کیں۔ پرانی اصلاحات کو ممنوع قرار دیا۔ رشوت کا قلع قمع کیا۔
بادشاہ رات کو بھیس بدل کر رعایا کا حال معلوم کرنے شہر میں پھرا کرتا تھا۔
لڑائیاں —— جو جنگ بھی لڑی، کامیابی نے قدم چومے اور فتح و نصرت کے ڈنکے بجاتا ہوا واپس لوٹا۔
عمارات —— اچھے بادشاہ بے شمار عمارتیں، باغ اور سڑکیں بنواتے ہیں۔ اس لیے ان کے عہد میں کوئی قحط نہیں پڑتا۔
لیکن بچو! کیا یہ بے انصافی نہیں کہ تصور کسی کا ہو، نقشے کوئی بنائے، عمارت مزدور بنائیں اور نام بادشاہ کا ہو جائے۔ اس لیے تم چند معماروں اور مزدوروں کے نام بھی ساتھ لکھ دیا کرو۔
فنونِ لطیفہ —— اچھے بادشاہ ہمیشہ فنونِ لطیفہ کے دلدادہ ہوتے ہیں اور ان کے عہد میں فنونِ لطیفہ کو خوب فروغ ہوتا ہے۔
اور اگر وہ بادشاہ برا تھا تو لکھو ——
اُس کے دماغ میں کچھ خلل سا تھا۔ نہایت ہی عیش پسند اور آرام طلب تھا۔ اُس کے درباری بے حد خوشامدی اور مکار تھے۔ وہ خود ہر وقت شراب کے نشے میں مدہوش رہتا تھا (یہ الزام تم بلا کھٹکے لگا سکتے ہو)۔ اس نے ایسی ایسی سیاسی غلطیاں کیں کہ رعایا بدظن ہو گئی (سیاسی غلطیوں کا نام ہرگز نہ لینا) نئے نئے ٹیکس

لگائے اور رعایا سے خوب روپیہ اینٹھا۔ اس کے عہد میں دن دہاڑے چوریاں ہوتی تھیں۔ ڈاکے پڑتے اور طوائف الملوکی زوروں پر تھی (طوائف الملوکی کے معنی آج تک ہم نہیں سمجھ سکے۔ بہرحال تم ضرور لکھ دو)۔ اُس نے آس پاس کے ملکوں اور دور دراز کی سلطنتوں سے بگاڑ پیدا کر لیا جس سے سپاہی بیزار ہو گئے۔ سرحد پر شورشیں شروع ہو گئیں۔ ہر صوبے کے صوبیدار نے (کہیں غلطی سے صوبیدار میجر نہ لکھ دینا) عَلم بغاوت بلند کیا اور مرتے دم تک اُس کا وقت بغاوتیں دبانے میں گزرا (یہاں اُس کے انتقال کا سنہ ہرگز مت لکھنا ورنہ پکڑے جاؤ گے۔)

اور اگر کسی بادشاہ کی کوئی پالیسی مفصل طور پہ دریافت کی جائے تو ایسا گول مول جواب دو کہ جس میں بہت سے بادشاہوں کے نام جگہ جگہ آتے ہیں۔ مثلاً اگر اکبر کی بیرونی پالیسی پوچھی جائے تو لکھو:۔

پیشتر اس کے کہ ہم اکبر کی بیرونی پالیسی پر بحث کریں، ہمیں ہنری ہشتم کی خارجہ پالیسی اور اشوک کی غیر ملکی پالیسی کو نہیں بھولنا چاہیئے جو اسی قسم کے حقائق کی شاہد ہیں۔ تعجب ہے کہ بالکل وہی نکتے ہمیں چندر گپت کی اندرونی پالیسی میں ملتے ہیں جو مدتوں پہلے اُس عالی دماغ بادشاہ نے سوچے تھے۔ اکبر کی بیرونی پالیسی کچھ کچھ علاؤالدین خلجی کی مشہور و معروف اصلاحات پر بھی منطبق ہو جاتی ہے۔ خود شمس الدین التمش نے ایک مرتبہ اسی قسم کے خیالات کا اظہار کیا تھا۔ ہمیں شبہ ہے کہ ہارون الرشید کی مشہور پالیسی اور جولیس سیزر کے خود ساختہ قوانین کا اثر اکبر اعظم پر پڑا ہے چنانچہ ایک حد تک ــــ وغیرہ وغیرہ۔

خاندان کے نام سے بھی کچھ اندازہ لگا لیا کرو اور اس کے مطابق چند سطریں جواب میں اور شامل کر دیا کرو۔ ۔۔ مثلاً ۔۔

موریا خاندان :۔ ان بادشاہوں کو موروں کا بہت شوق تھا۔

غوری خاندان :۔ کہ بادشاہ ہمیشہ غور کرتے رہتے تھے۔

خاندانِ غلاماں :۔ نام سے ہی صاف ظاہر ہے۔

سورج بنسی خاندان :۔ یہ سورج کے سامنے بیٹھ کر بنسی بجاتے تھے۔

الجبرا :۔

سنو بچو! الجبرا بنی نوع انسان کے سب سے بڑے محسن مولانا جبر بخش نے دریافت کیا تھا۔ کیا جبر بخش کا نام تم نے نہیں سنا؟ تو کس کا سنا تھا؟ جبر اللہ کا! خیر تو اس نے دریافت کیا ہو گا۔ ہم اکثر سوچتے رہتے ہیں کہ اگر الجبرا نہ ہوتا تو دنیا کا کیا حشر ہوتا۔

الجبرے کے موجد نے ایک روز یہ دریافت کیا کہ اگر ترازو کے پلڑوں میں ہموزن چیزیں ڈال دی جائیں تو پلڑے برابر رہتے ہیں۔ اس نے یہ تجربہ کئی سال تک مختلف ترازوؤں پر کیا۔ اس کی موت پر کوئی تین چار سو ترازو اُس کے گھر میں سے نکلے (لیکن افسوس سے کہنا پڑتا ہے کہ اُن میں اکثر چرائے ہوئے تھے)۔

اب مثلاً ایک ترازو ہے۔ ایک پلڑے میں ایک اونٹ اور ایک بکری ہیں اور دوسرے میں اونٹ اور بھیڑ۔ اور پلڑے برابر ہیں۔ اگر ہم دونوں اونٹ نکال لیں تب

بھی برابر رہتے ہیں۔ اس سے ثابت ہوا کہ یا تو ترازو میں کوئی نقص ہے اور یا دونوں اونٹ ہم وزن ہیں۔ بچو! یہ تجربہ یاد رکھو۔ اسی پر الجبرے کی بنیاد رکھی گئی ہے۔
الجبرے کو آسان بنانے کے لیے لا استعمال کیا جاتا ہے جو شروع شروع میں نامعلوم ہوتا ہے اس کا دریافت کرنا بیحد ضروری ہے۔ محض اسی مقصد کے لیے الجبرا بنایا گیا ہے۔ اگر خدانخواستہ کہیں لا نہ ہوتا تو الجبرا بھی نہ ہوتا۔

مثلاً اگر یہ سوال ہو:۔

لا + ۵ ریچھ = ۶ اُلو + ۷ شتر مرغ

تو کئی صفحے سیاہ کرنے کے بعد کچھ اس قسم کا جواب آئے گا:۔

لا = ۵ کبوتر — ۳ بٹیر + ۸ لومڑیاں۔

ظاہر ہے کہ لا کے بغیر الجبرے کا کوئی سوال حل نہیں کیا جاسکتا۔ مثال کے طور پر ہم ایک آسان سا سوال الجبرے کی کتاب سے نقل کرتے ہیں۔ —

"ایک اُودبلاؤ کی عمر اتنی ہے جتنی اس کے چچا کی چھ سال پہلے تھی۔ اس کے چچا کی عمر پانچ سال بعد اُودبلاؤ کی موجودہ عمر سے دوگنی ہو جائے گی۔ اُودبلاؤ اور اس کے چچا کی عمروں میں آج سے سات سال بعد اُتنا ہی فرق ہوگا جتنا اُس کے چچا کی عمر میں سے اُس کی عمر نکال کر اُس کے چچا کی موجودہ عمر دوگنی کر کے جمع کر دی جائے۔ دونوں کی عمریں ملا کر اُودبلاؤ کی عمر سے چار گنا ہیں اور تین سال پہلے اتنی تھیں جتنی کہ اُودبلاؤ کے چچا کی عمر چار سال بعد ہوگی جبکہ اسکی عمر اُودبلاؤ کی عمر سے —"

اب یہ الجبرے کا ایک بالکل سادہ سوال ہے۔ یہاں ہمیں صرف لا دریافت کرنا ہے۔ ظاہر ہے کہ الجبرے کے بغیر اُودبلاؤ کی عمر دریافت نہیں ہو سکتی اور لا کے دریافت نہ ہونے سے اُودبلاؤ کی مایوسی کے علاوہ بنی نوعِ انسان کو جو نقصان پہنچتا ہے وہ اہلِ نظر سے پوشیدہ نہیں۔

الجبرا سیکھنے کے لیے ترازو کی سخت ضرورت ہے۔ کسی نہ کسی طرح پانچ چھ ترازو اکٹھے کر لو اور ہر روز ایک بیس فٹ مربع کمرے میں بیٹھ کر کتابیں، چھڑیاں، برتن، گھر کی بلی، کوئی چھوٹا موٹا بچہ —— دونوں پلڑوں میں رکھ کر پلڑوں کو برابر کرنے کی کوشش کرو۔ ساتھ لا کا استعمال بھی جاری رکھو۔ بہت جلد تم محسوس کرنے لگو گے کہ تم الجبرا سیکھ رہے ہو۔

لا کو دریافت کر کے دل کو سرور اور اطمینان حاصل ہوتا ہے۔ قصہ مختصر الجبرا نہایت کارآمد چیز ہے۔ دس منٹ روزانہ الجبرا جگر، دماغ اور معدے کو تقویت دیتا ہے اور بیس منٹ روزانہ الجبرے سے پھیپھڑے مضبوط ہوتے ہیں اور قد بھی بڑھتا ہے۔

حساب :۔

بچو! ہمیں افسوس ہے کہ ہم حساب میں تمہیں زیادہ ہدایتیں نہیں دے سکتے کیونکہ ہم سوالوں کے جواب اِدھر اُدھر سے پوچھ کر سوال حل کیا کرتے تھے۔

لیکن ہم اتنا ضرور کہیں گے کہ اگر تم بار بار یہ کہہ سکتے ہو کہ "فرض کیا ——" تو تم بہت جلد حساب دان بن جاؤ گے۔

اُردو :-

اُردو میں جواب مضمون ہوتے ہیں۔ شعروں کے معنی پوچھے جاتے ہیں یا الفاظ کو فقروں میں استعمال کرایا جاتا ہے۔

جواب مضمون لکھنا بالکل آسان ہے، اگر تمہیں ہماری نصیحت نمبر ایک یاد ہے۔ یعنی یہ کہ ممتحن سارا جواب مضمون ہر گز نہیں پڑھتا۔ چنانچہ اگر عنوان ہو ــــ ورزش کے فوائد ــــ تو شروع میں ورزش کا ایک آدھ فائدہ جو تمہیں یاد ہو لکھ دو ــــ اس کے بعد ایک لمبی سی کہانی لکھ مارو، بے شک بے موقعہ ہو۔ کہانی کے آخر میں لکھ دو ــــ پس ثابت ہوا کہ ورزش کے بہت سے فائدے ہیں اور ورزش نہایت ہی مفید چیز ہے۔ اگر اپنے جواب مضمون میں تم چند اقوال بھی شامل کر دو تو سبحان اللہ۔ وہ اقوال فرضی ہوں، جعلی ہوں، کچھ بھی ہوں۔ لیکن ان کے ساتھ بڑے بڑے آدمیوں کے نام ہونے ضروری ہیں۔ مثلاً ــــ شیکسپیئر لکھتا ہے کہ ورزش نہایت مفید چیز ہے۔ ملٹن نے اپنی کتابوں میں بار بار ورزش کے فوائد دہرائے ہیں۔ مشہور چینی عالم کنفیوشس ہر وقت ورزش کرتا رہتا تھا۔

اب رہے شعروں کے معنے ــــ شعروں کے معنے کرتے وقت پہلے یہ فقرہ ضرور شامل کر دو ــــ "شاعر کہتا ہے کہ" اگر اتفاق سے شاعر کا نام بھی یاد ہو تو ادب سے کام لو اور لکھو ــــ "فلاں صاحب فرماتے ہیں کہ" اپنی طرف سے اور کچھ شامل نہ کرو بس شعروں کو کھینچ کر سیدھا کر دو اور سیدھی سادی نثر بنا دو۔ مثلاً ــــ

مری مجبوریاں کیا پوچھتے ہو

کہ جینے کے لیے مجبور ہوں میں

کے معنی اس طرح لکھو — شاعر کہتا ہے کہ تم لوگ میری مجبوریاں کیا پوچھتے ہو۔ میں تو جینے کے لیے مجبور ہوں۔ بس! اس سے زیادہ تشریح کی کوئی ضرورت نہیں۔

پیارے بچو! عاشق اور معشوق کے ذکر سے ہمیشہ پرہیز کرنا۔ ورنہ ماسٹر صاحب خفا ہو جائیں گے۔ ہم نے ایک بچہ دیکھا جو شعروں کے معنے کرتے وقت ہمیشہ فقرہ یوں شروع کرتا تھا — "عاشق اپنے معشوق سے کہتا ہے کہ —"

یہاں تک کہ جب اس کو یہ شعر سنایا گیا ؎

الٰہی ہمیں ایسی توفیق دے

کہ بن جائیں ہم نیک بندے ترے

تو اُس نے معنی یوں بیان کئے — عاشق اپنے معشوق سے کہتا ہے کہ تو ہمیں ایسی توفیق دے کہ ہم تیرے نیک بندے بن جائیں۔

بچو! ایسی غلطی کبھی مت کرنا۔ ورنہ تمہارا بھی وہی حشر ہوگا جو اُس بچے کا ہوا۔ وہ بچہ آج کل شاعر ہے۔

اب رہا الفاظ اور محاوروں کو فقروں میں استعمال کرنا سو تم اُن الفاظ اور محاوروں کو کسی دوسرے کی زبانی کہلوا دو، مثلاً :—

(الفاظ) سکونِ قلب۔ طوفانِ مسرت۔

(فقرہ) تب بوڑھے نے مسکرا کر آسمان کی طرف دیکھا اور کہا ـــــ "اُف سکونِ قلب! آہ طوفانِ مسرت!"

(محاورہ) نو نقد نہ تیرہ اُدھار۔

(فقرہ) سوداگر ناراض ہوکر بولا ـــــ "معاف کیجئے حضرت میں تو کھرا آدمی ہوں اور میرا عقیدہ ہے کہ نو نقد نہ تیرہ ادھار۔"

(محاورہ) سو سنار کی، ایک لُہار کی۔

(فقرہ) حامد کچھ دیر تو کشتی دیکھتا رہا۔ پھر محمود سے بولا "بھئی یہ تو وہی معاملہ ہے کہ سو سنار کی ایک لُہار کی۔"

ہمیں یقین ہے کہ تم اچھی طرح سمجھ گئے ہو گے۔

آخر میں ہم یہ ضرور کہیں گے کہ کہیں کہیں جان بوجھ کر گھُنّے بھی بن جایا کرو اور ہلکی پھلکی چوٹیں کر جایا کرو۔ تھکا ہوا ممتحن تمہارے ایسے جوابوں سے یقیناً خوش ہو گا۔ ہم چند مثالیں پیش کرتے ہیں۔

ایک بچّے سے زبانی امتحان میں پوچھا گیا ـــــ "کوئی اسم بتاؤ۔"

بچّے نے کہا ـــــ "لتی!"

"کوئی اور اسم بتاؤ"

جواب ملا: "کوئی اور کتا!"

ممتحن بے حد خوش ہوا اور عرصے تک خوش رہا۔

ایک بچے نے بھوت کی تعریف یوں کی — "بھوت ایک ایسی غیر مادی چیز ہے جو صرف رات کو ہی نظر آسکتی ہے۔" اور کالی گھٹا کی یوں تعریف کی "کالے بادل سیاہ پانی کے بخارات کا مجموعہ ہیں۔" اور ایک سوال کا جواب یہ دیا "اگر بیس فٹ آئس برگ سمندر کی سطح کے اوپر ہو تو باقی کا آئس برگ سمندر کی سطح کے نیچے ہوگا۔" تم اندازہ لگا سکتے ہو کہ اس بچے کو کتنے نمبر ملے ہوں گے۔

اچھا بچو! ہم اس ہدایت نامے کو یہیں ختم کرتے ہیں۔ ہمیں احساس ہے کہ ہم کئی اہم مضامین اور بہت سی ہدایات چھوڑ گئے ہیں۔ لیکن اس وقت ہمیں اتنا کچھ ہی یاد تھا۔ بعد میں کچھ اور یاد آگیا تو ہدایت نامۂ طلبا کا دوسرا حصہ ضرور لکھیں گے، وعدہ رہا۔

شیطان کی خالہ جان

شیطان چوری چھپے ڈاکٹر صاحب کو لے آئے۔ گھر میں مریضوں کی پلٹن تیار تھی۔ معائنہ شروع ہوا۔ ہسپتال کا لطف آ رہا تھا۔ ڈاکٹر صاحب تھک جاتے تو کرسی پر گر پڑتے۔ تھوڑی دیر سانس لیکر پھر معائنہ شروع کر دیتے۔ ابھی ایک بچہ باقی تھا کہ شیطان کی خالہ جان آ گئیں۔ انھوں نے اس دلکش اور روح پرور نظارے سے لطف اندوز ہونے کی بجائے یوں ظاہر کیا جیسے انہیں بُرا معلوم ہو رہا ہو۔ ڈاکٹر صاحب کے تشریف لیجانے کے بعد شیطان نے نسخوں کا پلندہ اپنی خالہ کے حوالے کیا۔ انہوں نے پہلے تو ناک بھوں چڑھائی، پھر مریضوں کا مکرر معائنہ کرنے کا ارادہ ظاہر کیا۔ مریض اس معائنہ نمبر دو کے لیے ہرگز تیار نہیں تھے۔ وہ منتشر ہو چکے تھے۔ کوئی چھلانگیں لگا رہا تھا، کوئی درخت پر چڑھا بیٹھا تھا۔ چند فٹ بال کھیل رہے تھے۔ ان سب کو دوبارہ گھیرا گیا اور قطار میں کھڑا کر دیا گیا۔ شیطان کی خالہ جان نے ملاحظہ شروع کیا۔ "ارے ننھے تجھے کیا ہو گیا؟ دیکھوں تیرے کان (خادمہ سے مخاطب ہو کر) بنّو تھوڑے سے نو لے گلقند میں ملا کر اسے دینا۔"

شیطان بات کاٹ کر بولے "تو لے باقاعدہ بھس کیساتھ ملا کر نہ دیئے جائیں؟"

انھوں نے دوسرے مریض کو دیکھا اور کہا "اسکی ناک کو سردی لگ گئی ہے۔ اسے تربوز کے بیج، پیپل کی چھال میں پیس کر گاؤ زبان کے ساتھ چٹا دو۔"

"گاؤ زبان کی جگہ بھینس زبان کیوں نہ استعمال کی جائے؟" شیطان نے پھر پوچھا

"اور تو تو اچھا بھلا تھا ــــ تو اس کے لیے گل بنفشہ، ہلدی کی گرہ، کیلے کے بیج اور املتاس کی جڑ ـــ!

"کیا فرمایا آپ نے؟ فساد کی جڑ؟" شیطان نے پوچھا

"لڑکے تو چپ رہ! ـــ ہاں تو املتاس کی جڑ۔ ان سب چیزوں کو میٹھی آنچ میں پکا کر پلٹس بنا کر باندھ دیجو۔"

اتنے میں شیطان نے چھینک ماری۔

"کیا تجھے بھی ٹھنڈ لگ گئی؟ دیکھوں تیرا حلق۔"

شیطان نے بہت ہاتھ پاؤں مارے لیکن کچھ نہ بنا۔ شیطان کا حلق دیکھا گیا اور یہ نسخہ تجویز ہوا کہ جائفل اور املی کو عرقِ گلاب میں پیس کر تھوڑی سی پیاز اور مولی ملائی جائے۔ اس کے بعد سب کو کپڑے میں چھان کر امرود کے چھلکے اور ذرا سی راکھ کا اضافہ کیا جائے۔ اور خوب گرم کر کے یہ سب الا بلا، بلتی شیطان کے گلے پر باندھ دی جائے اور سونے سے پہلے شیطان ڈیڑھ سیر کا جوشاندہ نوش فرمائیں علی الصبح ان کی ٹھنڈ رفع ہو جائے گی۔

اب شیطان بہت سٹپٹائے، بولے "خالہ جان! کچھ ہُد ہُد کے پر، اُلو کی دُم، اُود بلاؤ کی مونچھیں اور کتے کے کان لے کر خوب پیسے جائیں اور گلے پر باندھ دیئے جائیں۔"

"لڑکے مذاق اُڑاتا ہے؟" وہ بولیں "تجھے کیا معلوم؟ یہ ٹوٹکے ہیں اور کبھی خطا نہیں جاتے۔ نہ جانے تجھے دیسی علاج سے چڑ کیوں ہے۔ پرسوں جب حکیم احمد غازی نے کھانسی کی دوا بھیجی، وہ بھی تُو نے نہیں پی!"

"اس خیال سے نہیں پی کہ وہ خود تو ماشا اللہ غازی ہیں کہیں ہمیں شہید نہ کر دیں۔ خالہ جان جوشاندے کی جگہ تو ناریل کا تیل پلا دیجئے تھوڑی سی بھنگ یا چرس ملا کر۔"

لیکن ایک نہ سُنی گئی اور شیطان کو لِٹا لِٹا دیا گیا۔ جب یہ اُپریشن ختم ہوا اور شیطان کے گلے پر سب کچھ باندھ دیا گیا تو وہ بولے "یار یہاں تو بیمار ہونے کو بھی جی نہیں چاہتا۔ یہ ایسی جگہ ہرگز نہیں ہے جہاں انسان خوب اطمینان سے بیمار ہو سکے اور جتنی دیر چاہے بیمار رہے۔"

"کیا خوب! تو جناب روفی صاحب یہاں بیمار ہونے تشریف لائے ہیں؟" میں نے پوچھا۔

"ہم!" شیطان نے اپنے سینے پر ہاتھ رکھ کر کہا۔ "ہم کمان کے تیر ہیں۔ ایک مرتبہ نکل جائیں تو واپس نہیں لوٹتے۔"

ہُوا یوں کہ میں دِلّی کے سٹیشن پر یوں ہی گھوم رہا تھا۔ اتنے میں ایک گاڑی کہیں سے آکر رکی اور شیطان نازل ہوئے۔ انھوں نے مجھے پکڑ لیا، بولے آگرے چلو۔ ان دنوں آگرے میں شیطان کے خالہ اور خالو رہتے تھے۔ میں نے بہانے پیش کیے اور شیطان نے پلیٹ فارم پر باقاعدہ کُشتی شروع کر دی۔ جب سٹیشن پر ایک ہجوم اکٹھا ہو گیا تب میں نے مجبوراً ہاں کی۔ معلوم ہوا کہ آپ دارجیلنگ جانے کا ارادہ رکھتے ہیں۔ انھوں نے دارجیلنگ اور آس پاس کے علاقے کا کتابوں سے خوب مطالعہ کیا ہے۔ پہاڑ کے لیے وہ اتنے گرم کپڑے ساتھ لائے ہیں کہ کئی حضرات کے لیے کافی ہوں گے۔ ساتھ پہاڑی جوتے، کیمرہ، تھرماس، برساتی، چھتری وغیرہ سب لوازمات ہیں لیکن صرف ایک چیز کی کسر ہے۔ وہ یہ ہے کہ روپے نہیں ہیں۔

میرا بٹوہ نکلا، روپے گنے گئے، ایک سو کچھ تھے۔ کئی سالوں کے بعد یہ شبھ گھڑی آئی تھی کہ میرے بٹوے سے روپے برآمد ہوئے۔ شیطان کے روپے بھی ملائے گئے۔ ایک کاغذ پر ترت بندے لکھ کر میزان کیا گیا جواب ڈیڑھ سو کے لگ بھگ نکلا۔

"اب صرف ڈھائی سو روپے کی کمی ہے۔" شیطان بولے۔

"اگر محض ڈھائی سو روپے کی حقیر رقم کی کمی ہے تو آگرے کیوں جا رہے ہو؟" میں نے پوچھا۔

"خالہ جان سے روپے لینے۔ بلکہ روپے اینٹھنے۔" وہ بولے

واقعی تجویز نامعقول تھی۔

آگرے پہنچے۔ بڑی دھوم دھام سے ہمارا استقبال ہوا۔ شیطان نے میرا تعارف کرایا۔ تعارف کراتے وقت یہ فقرہ ضرور کہتے "یہ صاحب دوپہر کا کھانا نہیں کھاتے۔" واقعی میں کئی سال سے لنچ نہیں کھاتا، لیکن شیطان نے تو باقاعدہ اشتہار بازی شروع کر دی۔ آخر تنگ آکر پوچھا کہ یہ کیا لغویت ہے؟ بولے "پھر بھی بتا دینا اچھا ہے، خصوصاً لڑکیوں کو۔ کیونکہ وہ اس شخص کو کبھی پسند نہیں کریں گی جو لنچ نہ کھاتا ہو۔ کم از کم وہ اسے شوہر کے رُوپ میں تو ہرگز نہیں دیکھ سکتیں کہ دوپہر کا وقت ہے اور بیگم صاحبہ اکیلی بیٹھی کھانا کھا رہی ہیں۔"

"لیکن شوہر بننا کون مسخرا چاہتا ہے اور پھر تم تو ہر شخص سے کہہ دیتے ہو۔ کل تم نے حجام سے بھی کہا، بجلی کے مستری، ڈرائیور اور شوفر سے بھی۔"

"آئندہ خیال رکھیں گے۔"

شیطان نے وہاں عجیب دھما چوکڑی مچائی۔ ایک لمبا چوڑا کتا نہ جانے کہاں سے پکڑ لائے (شیطان کو لمبے چوڑے کتے نہایت پسند ہیں) جو کتا کم اور گدھا زیادہ معلوم ہوتا تھا۔ شیطان کے خالو اور خالہ دونوں کو کتوں کا بیحد شوق تھا۔ اُن کے ہاں تقریباً ہر سائز اور ہر نسل کے کتے موجود تھے۔

شیطان کے کتے اور ان کتوں کے خیالات مختلف تھے، چنانچہ ہر روز رائے میں اختلاف رہنے لگا۔ پہلے بحث مباحثے ہوتے پھر باقاعدہ جنگ و جدل تک نوبت پہنچی۔

اُدھر شیطان نے بات بات پر سب کا مذاق اُڑانا شروع کر دیا۔ بچوں سے بھی

مذاق، بڑوں سے بھی، بزرگوں سے بھی۔ میں نے سمجھایا کہ مولانا اس طرح تم ڈھائی سو روپے کیا ڈھائی روپے بھی نہیں اینٹھ سکتے۔ لیکن شیطان شاید اپنی عادت سے مجبور تھے۔ وہ دونوں کانوں سنتے اور فوراً دونوں کانوں نکال دیتے۔

میں دارجیلنگ ہو آیا تھا۔ شیطان رات کو سونے سے پہلے وہاں کی آب و ہوا۔ باشندے، پیداوار، ذرائع آمد و رفت وغیرہ پر گفتگو کرتے۔ ٹائیگر ہل سے طلوعِ آفتاب کے نظارے کا ضرور ذکر ہوتا۔ ان کی فرمائش ہوتی کہ اس نظارے کو مفصل طور پر بیان کروں۔ میں شروع کرتا "ٹائیگر ہل کے چاروں طرف نہایت اونچے اونچے برف سے ڈھکے ہوئے پہاڑ ہیں۔ سورج نکلنے سے پہلے شفق پھوٹتی ہے۔ اور برف پر طرح طرح کے رنگ جگمگاتے ہیں۔ رنگوں کا یہ کھیل کنچن چنگا پر سب سے زیادہ نمایاں ہوتا ہے۔ اسکے بعد سورج طلوع ہوتا ہے۔ سرخ رنگ کی ایک بڑی ساری گیند گھومتی ہوئی یک لخت برف سے باہر نکل آتی ہے۔ تب ماؤنٹ ایورسٹ نظر آتی ہے۔ دنیا کی سب سے اونچی چوٹی۔"!

"بس بس! — اس سے زیادہ سننے کی تاب نہیں" شیطان کہتے۔" ورنہ نیند نہیں آئے گی۔ اب تو بس یہی تمنا ہے کہ دارجیلنگ جاؤں، ماؤنٹ ایورسٹ اور کنچن چنگا دیکھوں اور پھر چپکا واپس آ جاؤں — بھلا گاڑی کتنے بجے وہاں پہنچتی ہے؟"

"دہلی گری سے دو گاڑیاں چلتی ہیں۔ ایک تو دو بجے دوپہر کو پہنچتی ہے اور ایک شام کو۔ موٹریں بھی جاتی ہیں۔"

"تمہارے خیال میں کونسی گاڑی بہتر ہو گی؟ دوپہر والی یا شام والی؟"

"شام والی بہتر ہو گی۔"

"نہیں دوپہر والی سے چلیں گے۔ شام والی اگر لیٹ ہو گئی یا راستے میں بگڑ گئی تو راستے ہی میں منجمد ہو جائیں گے۔"

"لیکن وہ گاڑیاں لیٹ نہیں ہوتیں۔ دارجیلنگ ہمالیہ ریلوے ہلکی پھلکی سی ریل ہے اور اس کے انجن بڑے طاقت ور ہیں۔"

"جی نہیں! ہم تو دوپہر کی گاڑی سے چلیں گے۔"

"لیکن ناشتہ۔۔!"

"ہرگز نہیں۔ ہم نے ایک بار کہہ جو دیا کہ۔۔"!

غرضیکہ خوب جھگڑا ہوتا۔ میں تنگ آ کر کہتا "بھئی اس بحث کا فائدہ؟ حالات تو ایسے ہیں کہ ہم دارجیلنگ صرف پیدل جا سکتے ہیں یا پھر واپس چلیں۔"

"ہم؟" شیطان اپنے سینے پر تھپیڑ مار کر کہتے "ہم کمان کے تیر ہیں۔ ایک مرتبہ نکل جائیں تو واپس نہیں لوٹتے۔"

ہم شبستر سے واپس آ رہے تھے۔ شیطان چونک کر بولے کہ نہار رو رہا ہے، حالانکہ صاف انجن کی سیٹی تھی۔ اور گھر بھی دو ڈھائی میل تھا۔ ایسے نہار رونا خوب تھا۔

راستے بھر شیطان کو یہی وہم رہا۔ گھر پہنچ کر دیکھا تو واقعی ننھا رو رہا تھا۔

"آج تو ننھے نے رونے میں اپنا گزشتہ بہترین ریکارڈ توڑ دیا ہے۔ اسکی آواز ہوا کے رُخ کے خلاف ڈھائی میل تک سنائی دے رہی تھی۔ تعجب ہے کہ لوگ بچوں کی نمائش میں رونے کا مقابلہ کیوں نہیں رکھتے۔ اگر رکھیں تو انھیں آل انڈیا چیمپین ہم مہیّا کر سکتے ہیں۔" شیطان نے بتایا۔

"آج کچھ زیادہ ہی رو رہا ہے۔" ان کی خالہ بولیں۔ "تو اسی وقت نیم کے پتے، اجوائن اور پودینے کو سونف کے پانی میں اُبال کر لے آ۔"

"میرے دانت میں بھی درد ہو رہا ہے خالہ جان!" شیطان شرارتاً بولے۔ "کئی سال سے ہے۔"

"اچھا؛ تو کہیں سے گدھے کی داڑھ مل سکے تو ——!"

"گدھے کی داڑھ؟ اپنی داڑھ تڑوا کر گدھے کی داڑھ فٹ کرالوں؟" شیطان بولے۔

"یہ تو ہرگز نہیں ہو سکتا۔"

"پہلے سُن تو لیا کر۔ گدھے کی داڑھ کو شربت بادام میں اُبال کر اسپغول کے چھلکے اور کالی مرچ پیس کر ——!"

"خالہ جان جائفل میں ایک شامی کباب ملا کر نہ چکھ لوں؟ یا گاؤزبان میں تھوڑی سی بالائی اور ربڑی ملا کر چاٹ لوں؟"

"میں کہتی ہوں تو نے ٹوٹکوں کو سمجھ کیا رکھا ہے؟ لیے پھرتا ہے اپنی ڈاکٹری۔" وہ

خفا ہو کر بولیں: "پچھلے سال ننھا بیمار ہوا۔ ڈاکٹر بولے نمونیہ ہے اور لگے الٹی سیدھی دوائیاں تجویز کرنے۔ میں نے ادرک کا مربہ، کیکر کا چھلکا، تھوڑی لال مرچ پیس کر شربت صندل میں ملا کر پلا دیا۔ اگلے روز نمونیہ تھا نہ ہارمونیم۔ ننھا بالکل تندرست ہو گیا۔ اس لڑکی کے گلے بڑھ گئے۔ ڈاکٹروں نے کہا کہ آپریشن ہو گا۔ سب تیاریاں ہو گئیں۔ دو روز میرے کہنے پر بڑ کی کونپل، کنول کی جڑ اور لہسن کی پلٹس باندھی گئی۔ زیرہ، ہڑ اور لونگ پیس کر اسے سفوف عرق گاؤ زبان کے ساتھ کھلایا گیا۔ لڑکے کے گلے ایسے غائب ہوئے جیسے کبھی تھے ہی نہیں"!

انہوں نے بے شمار مثالیں دے ڈالیں۔

اتنے میں کتوں کے بھونکنے کی آواز آئی۔ غالباً شیطان کا کتا دوسرے کتوں سے تبادلۂ خیالات کر رہا تھا۔ ہم بھاگے، بڑی مشکل سے شیطان کے کتے کو پکڑا اور اسے باندھ بوندھ کر اعتکاف کیا۔ شیطان کے خالو بھی وہیں تھے۔ باتیں ہونے لگیں۔

"خالو جان آپ کے کتوں کی صحت اچھی نہیں ہے۔ سب کے سب دمہ، اختلاج قلب اور مالیخولیا کے مریض معلوم ہوتے ہیں۔" شیطان بولے۔

"اور وہ السیشن کتا نہیں دیکھا تم نے؟" انھوں نے بڑے فخر سے کہا۔

"وہی کتا جو گیدڑ سے ملتا ہے؟ وہ تو بیچارہ تپ دق کا مارا ہوا ہے۔"

"اور وہ جو دو فاکس ٹیریر ہیں ـــ وِسکی اور سوڈا ـــ وہ کیسے ہیں؟ دوڑ میں وہ دنیا بھر کے کتوں کو پیچھے چھوڑ جائیں۔"

"خالو جان معاف فرمائیے، دونوں کتے سخت پوستی اور افیمی قسم کے ہیں۔ ان کے نام وہسکی اور سوڈا کی بجائے تاڑی اور ٹھرا ہونے چاہئیں۔ میرے خیال میں تو وہ ایک انچ بھی نہیں دوڑ سکتے۔"

"تو تمہارا کتا کون سا تیس مار خاں ہے۔ بالکل اجڈ اور جاہل کتا ہے۔" انہوں نے کہا۔

"تو لڑا لیجئے۔" شیطان بولے۔ یہ ان کا محبوب فقرہ تھا۔ کتوں پر جب بحث ہوتی تو یہ فقرہ ضرور آتا۔

"بھائی جان کا کتا خوب سفید رنگ کا ہے۔" ایک بچہ بولا۔

"ہر روز صبح اٹھ کر اسے غسل کراتا ہوں۔ اس کے بعد اس کی دُم اور کانوں پر استری کی جاتی ہے۔"

"اور سردیوں میں؟" بچے نے بڑے شوق سے پوچھا۔ "سردیوں میں تو کتا ہرگز نہیں نہاتا ہوگا۔"

"سردیوں میں کتا ڈرائی کلین کرایا جاتا ہے۔"

"بھئی میرے خیال میں تو تمہارا کتا بالکل ادنیٰ قسم کا ہے۔ جب کبھی یہ مجھے ملتا ہے تو دانت بھی دکھاتا ہے اور دُم بھی ہلاتا ہے۔ یعنی ایک ہی وقت میں خفگی کا اظہار بھی کرتا ہے اور مسرت کا بھی۔ نہایت ہی نامعقول کتا ہے۔" وہ بولے۔

"تو لڑا لیجئے اپنے بہترین کتے سے، ابھی فیصلہ ہو جائے گا۔" شیطان نے کہا۔

ذرا سی دیر میں کتوں کے میچ کی تیاریاں ہونے لگیں۔ سارا کنبہ اکٹھا ہو گیا۔

میں بالکل بیزار تھا۔ نہ مجھے کتے پسند ہیں، نہ باقی کے جانور۔ مجھے یہ کتے، بلیاں، بندر وغیرہ سب فضول لگتے ہیں۔ جنگل کے جانوروں کو نہ جانے انسانوں نے کیوں سر پہ چڑھا رکھا ہے۔ کہتے ہیں کتا انسان کا دوست ہے۔ میرے خیال میں انسان کا بہترین دوست وہ خود ہے۔ دعویٰ کیا جاتا ہے کہ تنہائی میں اگر کتا ساتھ ہو تو انسان جمود سے تنگ نہیں آتا۔ لیکن جو تنگ آنے والے ہوں وہ باتیں کرتے کرتے بھی تنگ آجائیں گے، رفاقت سے بھی تنگ آجائیں گے۔

کتوں کی قسمیں بنائی گئی ہیں، کتوں کے نام رکھے جاتے ہیں۔ کم از کم میرے لیے تو سب کتے بھونکنے والے کتے ہیں، اور میں ایک کو دوسرے سے نہیں پہچان سکتا جب تک کہ رنگ یا قد کا کوئی نمایاں فرق نہ ہو۔

دوسرے کمرے میں ایک کتے نے صدائے احتجاج بلند کی اور زبردست نعرہ لگایا۔

"یہ کون مار رہا ہے اس کتے کو" شیطان کے خالو پکارے۔

"دیکھ لیجئے خالو جان! منا لیجئے اپنے کتے کو۔ خواہ مخواہ اس نے اپنی تھوتھنی میرے پاؤں میں دے ماری" شیطان بولے اور اپنا کتا لیکر میدان میں آ پہنچے۔ اُدھر ان کے خالو جان کا چیمپین کتا اپنے حمائتیوں کے ساتھ پہنچا۔ شیطان نے اصرار کیا کہ فالتو کتوں کا داخلہ ممنوع قرار دیا جائے چنانچہ ان کو باہر نکال دیا۔

"وہ بھائی جان کہاں گئے؟" ایک بچے نے ڈر کر پوچھا۔ "جو آپ کے ساتھ آئے ہیں۔"

"کیا وہی جو دوپہر کا کھانا نہیں کھاتے؟" شیطان بولے۔

"جی ہاں!"

"وہ اس کونے میں بیٹھے ہیں۔" اور بچّہ میرے پاس آبیٹھا۔ غالباً اسے بھی کتوں سے سخت نفرت تھی۔ کتوں کی لڑائی شروع ہوئی۔ پہلے راؤنڈ میں دونوں کتے برابر رہے۔ دونوں نے ایک دوسرے سے معانقہ کیا اور دُور دُور سے ناک بھوں چڑھاتے رہے۔ دوسرے راؤنڈ میں گتھم گتھا ہو گئے۔ شیطان کا بُرا حال تھا۔ چلا چلا کر اپنے کتے کو مشورے دے رہے تھے۔ "شاباش! ڈاگی! (یہ کتے کا نام تھا) ہاں اسی طرح ایک لیفٹ ہک اور لگاؤ۔ پیچھے ہٹو، وہ اس کا سٹریٹ لیفٹ آرہا ہے۔ غوطہ دے جاؤ۔ بس ایک زور کا پنچ اور لگے۔ یوں نہیں! مدافعت کرو۔ غصہ مت کرو۔ پہلے تھکا لو، پھر ناک آؤٹ کرنا۔"

"بھئی یہ بات غلط ہے۔ تم بتاتے کیوں ہو؟" ان کے خالو بولے۔

"آپ بھی بتائیے! — ہاں تو ڈاگی ایک اپر کٹ لگاؤ۔ پیچھے مت ہٹو۔ اب ایک رائٹ ہک لگے۔ کیا کہنے ہیں؟ نزدیک سے ایک اور پنچ دو — ایک ہک اور — واہ رے میرے ڈاگی! — ناک سے سانس لو، ورنہ ہانپنے لگو گے۔ شاباش!"

چوتھے راؤنڈ میں ڈاگی نے اپنے مخالف کو ناک آؤٹ کر دیا اور سنبھلتے ہی وہ اس بُری طرح میدان سے بھاگا کہ دو دیواریں کود گیا۔

شیطان نے ڈاگی کا دہنا پنجہ ہوا میں ہلا کر کہا۔ "لیڈیز اینڈ جنٹلمین! — دی ونر۔"

ان کے خالو بولے۔ "میں اسے ہرگز لڑائی نہیں کہتا۔ تم نے سراسر بے ایمانی کی ہے۔

اپنے کتے کو بتایا کیوں؟ تمہارے کتے کو مقابلے سے خارج کیا جاتا ہے۔"
ایک طویل بحث کے بعد یہ طے ہوا کہ دونوں کتے برابر ہے۔
کچھ دیر کے بعد ہارا ہوا کتا واپس لایا گیا اور اس کی مرہم پٹی شروع ہوئی۔
شیطان کی خالہ بولیں "ٹنکچر و نجچر مت لگاؤ۔ نیلا تھوتھا، چنبیلی کے پھول، الائچی اور گڑ کو رگڑ کر باندھ دو۔"
"اس کتے کو تارپین کا تیل پلا دو۔" شیطان بولے "فوراً چاق و چوبند ہو جائیگا۔"
لیکن ان کی خالہ جان کے ٹوٹکے پر عمل کیا گیا۔
شیطان نے خانساماں سے پوچھا "آج کیا پکا ہے؟" وہ بولا "قیمہ۔ کڑھی اور آئس کریم۔"
"آج پھر پکا دی تم نے آئس کریم؟ کل تو پکی ہی تھی۔" شیطان بولے "تم بھی بس پورے کڑھی بگاڑ ہو۔"
اتنے میں ننھا میرا ہیٹ لے آیا۔ "بھائی جان آپ کا یہ ہیٹ باہر ایک گڑھے میں پڑا تھا۔" اور شیطان نے میری طرف مسکرا کر دیکھا۔
اس کمبخت ہیٹ سے میں عاجز آ چکا تھا۔ آتے وقت ریل میں میرا ہیٹ کھو گیا اور دلی میں میں نے نیا خریدا۔ جلدی میں سائز وغیرہ کا خیال نہیں کیا۔ بعد میں جب پہن کر دیکھا تو بہت بڑا تھا۔ تبھی ہمیشہ اسے ہاتھ میں رکھتا، سر پہ کبھی نہ پہنتا۔
شیطان نے ہیٹ کو ہوائی جہاز کا خطاب دیا۔ اسے دیکھتے ہی کہتے "یار یہ ہیٹ ہے

یا ہوائی جہاز ؟ ایک ہیٹ کو ہوائی جہاز سے کیا مشابہت ہو سکتی ہے ؛ یہ ایک راز تھا جو شیطان تک محدود تھا۔ آگرہ پہنچ کر میں نے ہر ممکن طریقے سے وہ ہیٹ ضائع کرنا چاہا۔ جہاں جاتا اسے جان بوجھ کر بھول جاتا۔ ادھر اُدھر چھپا دیتا۔ پھینک دیتا۔ لیکن کوئی نہ کوئی لا کر واپس دے دیتا۔ اب شیطان ہیٹ کا خاص خیال رکھنے لگے اور باقاعدہ اس کے نگہبان و سرپرست مقرر ہوئے۔ رات ہوا تیز تھی۔ میں نے چھت سے نیچے پھینک دیا۔ سوچا کہ اڑ کر کہیں چلا جائے گا لیکن ننھے میاں کہیں سے ڈھونڈ لائے۔

دارجیلنگ کے متعلق پھر گفتگو ہوئی۔ میں نے کہہ دیا " روفی۔ اس طرح تو تم ہرگز وہاں نہیں جا سکتے۔ ایک تو تم نے خالہ جان سے اس بات کا اب تک ذکر نہیں کیا دوسرے یہ کہ تم ہر بات میں ان سے الجھ پڑتے ہو۔ مجھے یقین ہے کہ یہاں بزرگ تمہیں پسند نہیں کرتے۔"

"ذکر تو کیا تھا لیکن وہ بولیں تمہاری امّی نے لکھا ہے کہ روفی یہاں سے کافی روپے لے کر نکلا ہے۔ خدا جانے کہاں جائیگا، اگر تمہارے پاس آئے تو تم اسے اور روپے مت دینا۔"

"تو کیا واقعی تم بہت سے روپے لے کر نکلے تھے ؟"

"ہاں! لیکن یک لخت تھوڑے سے رہ گئے۔ خالہ جان کے سامنے میں نے قسم بھی کھائی کہ میرے پاس ایک پیسہ نہیں ہے۔"

"جھوٹی قسم کھا لی ؟"

"نہیں بھئی! ایک پیسہ کہاں ہے میرے پاس روپے اور آنے ہیں۔ لیکن انہوں نے نہ تو روپے دینے کا وعدہ کیا ہے نہ باقاعدہ انکار ہی ہوا ہے۔"

"تو پھر چلو واپس چلتے ہیں۔"

"ہم!" شیطان اپنی چھاتی پر مکہ مار کر بولے۔ "ہم کمان کے تیر ہیں۔ ایک مرتبہ نکل جائیں تو کبھی واپس نہیں آتے۔"

اگلے روز اتوار تھا علی الصبح ایک قافلہ تاج محل کی طرف روانہ ہوا۔ قافلے میں شیطان کے خالو کا کنبہ تھا۔ دو ایک کنبے اور تھے۔ دن بھر کا راشن ساتھ تھا۔

شیطان کے خالو بہت اچھے موڈ میں تھے۔ ایک پلاٹ میں ہم تینوں بیٹھے چلغوزوں سے شغل کر رہے تھے۔ شیطان کے خالو اپنے مخصوص انداز میں گفتگو کر رہے تھے۔

"گھاس پر ابھی تک شبنم ہے۔ شبنم تو تم جانتے ہی ہو صبح بھی پڑتی ہے اور بعض اوقات سہ پہر کو بھی۔ سہ پہر آجکل کافی گرم ہوتا ہے۔ پنکھے کی ضرورت پڑتی ہے پنکھے بھی دن بدن مہنگے ہوتے جا رہے ہیں۔ بازار میں ملتے ہی نہیں۔ بازار میں تو تم جانتے ہی ہو کہ قیامت بپا ہے۔ سبزیاں غائب ہو چکی ہیں۔ اگر کہیں ہیں تو سونے کے تول ملتی ہیں۔ سبزیاں صحت کے لیے نہایت مفید ہیں۔ خصوصاً شلجم۔ شلجم صالح خون پیدا کرتا ہے اور ہاضم بھی ہے۔ تو شلجم (گھاس پر ہاتھ پھیر کر) اس میں کس چیز کا

ذکر کر رہا تھا؟ شلیم کا یا شبنم کا؟"

"جی! بلبلوں کا۔" اشیطان نے لقمہ دیا۔

"ہاں تو بلبلیں بھی خوب ہیں۔ ہماری شاعری میں صبح سے شام تک بلبلیں چہکتی ہیں فلموں میں بھی تم نے بارہا بلبلیں دیکھی ہوں گی۔ یہ فلمیں بھی دن بدن گرتی جا رہی ہیں۔ سنا ہے کہ فلمی گانے دراصل بیک گراؤنڈ میں کوئی اور گاتا ہے اور پردے پر منہ ہیرو یا ہیروئن کا ہلتا ہے۔"

"میں نے تو یہاں تک سنا ہے کہ بیک گراؤنڈ میں ایکٹنگ کوئی اور کرتا ہے لیکن پردے پر کوئی اور دکھایا جاتا ہے۔" شیطان نے کہا۔

"میں نے نہیں سنا۔ خیر تو فلمیں گرتی جا رہی ہیں۔ سینما ہال میں الگ شور مچتا ہے خوانچے والے شہر بھر کی گلیاں کوچے چھوڑ کر سینما ہال میں آ گھستے ہیں میرے خیال میں وہاں سودا بازار سے اچھا ملتا ہے۔ پرسوں میں نے ہال میں آم خریدے کافی اچھے تھے!"

"میں نے بھی خریدے تھے۔ قلمی آم تین آنے فی جلد تھے۔" اشیطان بولے۔

"اصلی آم تو دربھنگے کے ہوتے ہیں۔ دربھنگہ مشرقی ہندوستان میں ہے۔ مشرقی ہندوستان میں بارشیں خوب ہوتی ہیں۔ بارش چراپونجی میں دنیا بھر سے زیادہ ہوتی ہے ــــ دنیا نظامِ شمسی میں بہت ہی چھوٹا سیارہ ہے۔ کہتے ہیں کہ نظامِ شمسی ــــ بھلا میں کس چیز کا ذکر کر رہا تھا؟"

"امرودوں کا۔" اشیطان نے لقمہ دیا۔

"ہاں تو امرود ـــ"!

شیطان کے خالو اپنے مخصوص انداز میں گفتگو کر رہے تھے۔

شیطان کو خانساماں نظر آ گیا۔ آواز دی "آئس کریم پک چکی یا نہیں؟"

"تیار ہو رہی ہے۔" جواب ملا۔

"چلیے چلیں۔" ہم اٹھ کھڑے ہوئے۔

"وہ دروازہ کافی پرانا معلوم ہوتا ہے۔" انھوں نے اشارہ کرتے ہوئے کہا۔

"لیکن جب بنا ہوگا تو بالکل نیا ہوگا۔ شیطان نے جواب دیا۔

وہاں پہنچ کر دیکھتے ہیں کہ بے شمار خواتین و حضرات جمع ہیں۔ سب کے سب قافلے کے ممبر تھے۔ پہلے شیطان کا تعارف کرایا گیا، پھر شیطان نے میرا تعارف کرایا اور "یہ دوپہر کا کھانا نہیں کھاتے" والا فقرہ بھی بار بار دہرایا۔

"لیکن آج یہ ضرور کھائیں گے۔" آوازیں آئیں۔

"بھئی آج ضرور کھانا پڑیگا۔" شیطان بولے۔ "اور تمہارا ہیٹ کہاں گیا؟ وہ ہوائی جہاز۔"

"میں ساتھ نہیں لایا۔"

"آپ ساتھ لائے تھے، کہیں چھپا آئے ہیں۔" اور شیطان نے دو تین ننھوں کو ہیٹ تلاش کرنے بھیجدیا۔

اب تاج محل کی تصویریں اترنے لگیں۔ قافلے والوں کے پاس کئی کیمرے تھے۔

تاج محل کو بیک گراؤنڈ میں لیکر چند خواتین کو بٹھایا گیا اور شیطان کی خالہ انکی تصویر اتارنے لگیں۔ شیطان بولے "ٹھہرئیے"! اور اپنے خالو کے ہاتھ میں کیمرہ دیکر بولے: "جونہی خالہ جان انکی تصویر اتاریں آپ خالہ جان سمیت سب کی تصویر کھینچ لیجیے۔" انہوں نے فوکس کیا۔ ایک بزرگ کیمرہ لیے کھڑے تھے، شیطان انکو کھینچ لائے "جب خالو جان ان کی تصویر اتاریں، آپ ان سب کی تصویر کھینچ لیجیے۔" ان کے لیے بھی فوکس کیا گیا۔

ذرا سی دیر میں ہم مورچہ بندی کئے کھڑے تھے۔ شیطان کی خالہ جان ان خواتین کی تصویر اتارنے کے لیے، شیطان کے خالو شیطان کی خالہ جان کی تصویر کے لئے۔ وہ بزرگ شیطان کے خالو کی تصویر کے لیے۔ ایک اور بزرگ ان بزرگ کے لئے۔ شیطان ان بزرگ کے لیے اور میں نے شیطان کو فوکس کر رکھا تھا۔

"کاش کہ چند کیمرے اور ہوتے۔ اچھا! جب میں تین کہوں تو تصویر لے لیجیے۔" ان بولے "ایک دو۔ چار۔! معاف کیجئے!" اور سب نے تصویریں کھینچ لیں۔

"اچھی نہیں آئیں گی۔ صحیح وقت پر نہیں کھینچی گئیں۔"

اب کھانا شروع ہوا، مجھے بھی زبردستی شامل کیا گیا۔

"ابھی ابھی میں نے اس درخت کے پاس ایک سانپ دیکھا۔" شیطان بولے۔

"سانپ دیکھا؟" سب چیخ کر بولے۔ "زندہ سانپ؟"

"جی ہاں زندہ سانپ۔ بلکہ زندہ ناچتا گاتا سانپ۔"

"تو پھر ––– ؟"

"پھر کیا تھا، میں نے سانپ کو دیکھا اور سانپ نے مجھے دیکھا۔"

اتنے میں خانساماں نے شیطان کے خالو سے پوچھا "صاحب وہ چیز لے آؤں؟"

"ابھی ٹھہرو۔" وہ بولے۔

اس "وہ چیز" پر ہم دونوں کے کان کھڑے ہوئے۔ ضرور کوئی نہایت مزیدار چیز ہوگی۔ چنانچہ شیطان نے اپنی رفتار مدھم کر دی۔

"کیوں صاحب یہ تاج محل کا نقشہ موسیٰ خان نے بنایا تھا کیا؟" شیطان نے پوچھا۔

"موسیٰ خاں نے نہیں استاد عیسیٰ نے بنایا تھا۔" کسی نے جواب دیا۔

"استاد کیوں؟ بچوں کو پڑھاتے تھے کیا؟"

"جی نہیں! وہ تو ––– !"

"تو پھر موسیقی سے لگاؤ رکھتے ہوں گے۔"

"جی نہیں وہ تو بہت بڑے –––"

"تو بڑے استاد ہوں گے۔"

"بہت بڑے معمار تھے۔"

خانساماں نے پھر پوچھا "وہ چیز لے آؤں؟"

"ذرا ٹھہرو!" شیطان کے خالو بولے۔

ہمیں پھر یاد سا آگیا اور کھانے کی رفتار بالکل مدھم کر دی۔ بالکل پیدل چل رہے تھے۔

"تاج محل بنانے کے صلے میں شاہجہان نے اُسے اُستاد عیسیٰ خاں کو خان بہادر کا خطاب ضرور دیا ہوگا" شیطان نے کہا۔

ذرا سی دیر میں خانساماں نے پھر پوچھا شیطان کے خالو جھلا کر بولے "بھئی یہ کیا تم بار بار پوچھتے ہو، جب منگانی ہوگی خود بتادیں گے۔"

اور شیطان نے کھانا بالکل بند کردیا اس چیز کا انتظار کرنے لگے۔ آخر خدا خدا کرکے انتظار کی گھڑیاں ختم ہوئیں اور شیطان کے خالو بولے "لے آؤ وہ چیز۔"

وہ چیز آئی۔ ہم نے بھی بڑی بے صبری سے ڈونگہ لیا۔ ڈھکنا اٹھا کر دیکھتے ہیں تو دہی تھا جس پر شکر چھڑک رکھی تھی اور شیطان مچل گئے کہ ان کو دھوکے میں کیوں دکھا گیا۔ اور دوبارہ نئے سرے سے کھانا شروع کر دیا۔

کافی دیر میں واپس لوٹے۔ واپسی پر شیطان کہیں کھانس پڑے۔ ان کی خالہ نے فوراً وہیں ایک ٹوٹکہ تجویز کر دیا۔ رات کو شیطان کو تقریباً دو تین سیر پُختہ جوشاندہ پینا پڑا۔

ہم سب برآمدے میں بیٹھے تھے۔ شیطان کے ہاتھ میں ایک کتاب تھی۔

"خالہ جان! ایک ناول سناؤں؟" انہوں نے پوچھا۔

"بھئی کافی دیر ہو چکی ہے۔" وہ بولیں۔

"نہایت ہی مختصر ناول ہے۔ ملاحظہ ہو۔ ایک بانکا ہیرو ایک نہایت ہی بانکے گھوڑے پر سوار ہے اور بڑے بانکپن سے سڑک پر جارہا ہے۔ ہیرو کے پاس ایک

پستول ہے اور ایک چاقو۔ کیونکہ آگے جنگل میں ڈاکو رہتے ہیں۔"

"بھئی اب کل سنیں گے۔ نیند آرہی ہے۔" ان کے خالو بولے۔

"ایک منٹ اور۔ ہاں تو ہیرو جنگل میں داخل ہوا ہی تھا کہ چاروں طرف سے ڈاکوؤں نے گھیر لیا۔ ڈاکو تعداد میں دس تھے۔ اور سب کے سب مسلح تھے۔ ہیرو نے فوراً پستول نکال کر فائر کیا۔ جواب میں کئی گولیاں آئیں۔"

"بارہ بجنے والے ہیں۔ صبح جلدی اٹھنا ہے۔"!

"ہیرو نے خوب مقابلہ کیا۔ لیکن مخالف کئی تھے۔ آخر ایک گولی ہیرو کے ایسی لگی کہ بیچارے کا وہیں انتقال ہوگیا اور خوش قسمتی سے یہ ناول پہلے ہی باب میں ختم ہوگیا۔ بس قصہ تمام ہوا۔ آپ تو خواہ مخواہ گھبرا رہے تھے۔"

اگلے روز ہم سٹیشن پر گئے۔ دارجیلنگ جانے کے لیے گاڑیوں کے تازہ ترین اوقات دریافت کرنا چاہتے تھے (ایک روز پہلے بھی دریافت کیے تھے) ایک گاڑی آئی۔ ہم پلیٹ فارم پر ٹہل رہے تھے۔ دفعتہً شیطان کسی کو دیکھ کر چونک پڑے، بولے "خوب تو مونچھیں منڈوا دی ہیں حضرت نے۔" آگے بڑھ کے ایک صاحب سے کہا "آداب عرض۔" وہ کچھ جھجکے، شیطان بولے "جناب آپ اپنی مونچھوں کے بغیر ہمیں پہچانتے ہی نہیں۔" اور وہ صاحب قلانچ بھر کر ٹرین سے کودے اور شیطان سے لپٹ گئے۔ معلوم ہوا کہ

شیطان کے پرانے واقف ہیں اور فی الحال کہیں پر وفیسر ہیں۔(شیطان کے پرانے واقف کئی کئی سال سے فارغ التحصیل ہو چکے ہیں اور آج کل ملازم ہیں)۔ان صاحب سے میرا تعارف کرایا گیا۔

"یہ میرے نہایت ہی عزیز دوست ہیں جو دوپہر کو کھانا نہیں کھاتے۔"شیطان نے کہا معلوم ہوا کہ وہ دارجیلنگ سے آ رہے ہیں۔

بس شیطان تو وہیں بچھ گئے۔جتنے سوالات دارجیلنگ کے متعلق کوئی ممتحن پوچھ سکتا شیطان نے پوچھ ڈالے۔کچھ دیر میں گاڑی چلی گئی۔

ہم دونوں ریفرشمنٹ روم میں بیٹھے چائے پی رہے تھے۔شیطان بولے۔"بھئی صبر کا پیمانہ کیا صبر کا گھڑا لبریز ہو چکا ہے۔لبریز تو عرصے کا ہو چکا تھا لیکن ہر روز میں چھلکا دیا کرتا تھا۔اگر اسی ہفتے دارجیلنگ نہ گئے تو لعنت ہے۔یہ کمبخت وہیں سے آ رہا ہے۔"

"ان کے ڈبے میں بہت بھیڑ تھی۔آجکل سیکنڈ کلاس میں بھی جگہ نہیں ملتی!"

"یہ بھیڑ نہیں تھی۔یہ اس کے بچے تھے۔پوری ٹیم کی ٹیم ہے۔"

"اچھا تو کیا یہ شادی شدہ ہے؟"

"محض شادی شدہ نہیں،بیحد شادی شدہ ہے۔اس شخص کا قصہ بھی بڑا دردناک ہے۔جب کبھی ہم فورتھ ایئر میں اکٹھے تھے تو ان دنوں یہ نہایت ہی خوش قسمت تھا۔سال بھر اس کی قسمت تیز رہی۔امتحان میں پاس ہوا،کھیل میں اچھا

رہا، تاش میں خوب روپے جیتتا تھا۔ گھڑ دوڑ پر بھی جانے لگا۔"

"دوڑتا تھا کیا؟"

"نہیں! گھوڑوں پر روپے لگاتا تھا۔ کسی کمزور اور بیہودہ سے گھوڑے پر روپے لگا دیتا تو وہ بھی روپیٹ کر کسی نہ کسی طرح اوّل آ ہی جاتا۔ ہم سب اس پر رشک کرتے تھے۔ اس کی خوش نصیبی مثالی تھی۔ انہی دنوں یہ ایک لڑکی سے محبت کرنے لگا۔ لیکن وہ اسے خاطر میں نہ لاتی تھی۔ ایک ہفتے تو اس کی قسمت کا ستارہ ایسا چمکا کہ یہ خود حیران رہ گیا۔ سالانہ امتحان میں اول آیا۔ یونیورسٹی ہاکی ٹیم میں لے لیا گیا۔ یونین کا سیکرٹری بھی بن گیا اور میگزین کا ایڈیٹر بھی۔ گھڑ دوڑ میں پانچ سو روپے جیتے۔ سب نے مشورہ دیا کہ لگے ہاتھوں اظہارِ محبت بھی کر ڈالو۔ قسمت تیز ہے ممکن ہے وہ لڑکی مان جائے۔ چنانچہ اس نے سب کے کہنے سننے پر اس لڑکی کو مطلع کر دیا کہ اس کا ارادہ خودکشی کا ہے اور لڑکی کے بغیر اس کی زندگی محال ہے، وغیرہ وغیرہ۔ بس! وہ دن اور آج کا دن اس کی قسمت کا ستارہ ایسا ڈوبا کہ کہیں انتقال ہی کر گیا۔ اس کے بعد یہ امتحان میں فیل ہوا۔ ٹیم سے نکالا گیا۔ تاش میں ہر روز ہارنے لگا۔ گھڑ دوڑ میں اگر بہترین گھوڑے پر روپے لگاتا تو وہ لنگڑانے لگتا یا جیتتا جیتتا ہار جاتا۔ اس کا سارا سخرہ پن جاتا رہا اور یہ بالکل چڑچڑا بن گیا۔"

"تو کیا اس لڑکی نے اسے ٹھکرا دیا؟"

"جی نہیں! بلکہ اس لڑکی نے اس سے شادی کر لی۔" شیطان بولے۔ "اور تمہارا

ہیٹ کہاں ہے؟"

میں نے کہا کہ میں نہیں لایا۔ شیطان فوراً گئے اور پلیٹ فارم پر تلاش کر کے بکسٹال سے ہیٹ اٹھا لائے، جہاں میں اسے بحفاظت بھول آیا تھا۔

"میاں اگر یہ ہوائی جہاز خریدا ہے تو پہنا بھی کرو۔ گلے کا ڈھول بجانا ہی پڑے گا۔" وہ بولے۔

اب شادی پر باتیں ہونے لگیں، شیطان نے کہا۔ "میرے خیال میں شادی کی کوئی خاص ضرورت تو ہے نہیں۔ شادی کا خیال بہشت اور دوزخ کے خیال کی طرح ہے۔ اگر کوئی ذکر کرے اور یاد دلائے تبھی یاد آتا ہے ورنہ نہیں۔"

"تم بھی بہروپیے ہو۔ کبھی شادی کے اس قدر معتقد ہو جاتے ہو کہ ہمیں بھی پریشان کر دیتے ہو۔"

"وقت وقت کا راگ ہے —— اس وقت قطعاً اس قسم کا ارادہ نہیں ہے۔ اس وقت شادی کے متعلق سوچنا ایسا ہی ہے جیسے فتح پور سیکری کے اونچے دروازے سے چھلانگ لگا دینا۔ اور جو وہاں سے چھلانگ لگائے گا یا تو اس کے دماغ میں خلل ہے اور یا وہ لگانا چاہتا ہے۔ یقیناً ایسی چھلانگ صحت کے لیے مفید نہیں ہو سکتی۔"

"کبھی کبھی یہ کیا الٹی سیدھی ہانکنے لگتے ہو۔ معلوم ہوتا ہے کہ دورہ پڑتا ہے۔"

"تم نے ہی تو ذکر چھیڑا تھا۔ اس وقت شادی سے کہیں اہم اور بلند مقاصد ہمارے سامنے ہیں۔"

"کون سے؟"

"دارجیلنگ جانا اور دنیا کے اہم ترین اور سب سے بلند پہاڑ کی زیارت کرنا۔ لیکن کچھ سمجھ میں نہیں آتا کہ کیا کیا جائے۔ خالہ جان سے روپے لینا بھی ماؤنٹ ایورسٹ کی چوٹی پر پہنچنے سے کم نہیں بلکہ شاید مشکل ہی ہو۔ تمہارا کہنا صحیح ہے، وہ کچھ ناراض سی بھی ہیں۔"

"اس خانساماں سے مشورہ نہ لیں، کافی عقلمند معلوم ہوتا ہے۔"

"عقل میں کیا ہم کسی سے کم ہیں؟ —— وہ خانساماں شکل و صورت سے تو گویا معلوم ہوتا ہے۔ تم ہی بات کرنا۔ مجھ سے تو وہ آئس کریم پکانے کے سلسلے میں چڑ سا گیا ہے۔"

"اب چلیں؟"

"ہاں چلو اور اپنا ہیٹ ساتھ لے لو۔"

رات کے کھانے پر شیطان کو ہچکیاں آنے لگیں۔ بہتیرا کہا کہ کوئی یاد کر رہا ہے۔ لیکن اسی وقت اُن کی خالہ جان کی ہدایت کے مطابق اُن کو جائفل، لونگ اور منقا، ہڑ اور اسی قسم کی بندرہ بیس چیزوں کو پیس کر شربت عناب کے ساتھ نوش فرمانا پڑا۔ شیطان نے بہت بُرا منہ بنایا اور سب کے سامنے اعلان کر دیا کہ اُن کا ٹوٹکوں پر خدا اقسم اعتقاد نہیں ہے۔

بڑے کمرے میں ایک کلاک تھا۔ علی الصبح ہم ناشتے کے لیے اس کمرے سے گزرتے تو کلاک میں دس بجے ہوئے ہوتے۔ یہی خیال آتا کہ بہت دیر ہوگئی ہے۔ شیطان وقت دیکھ کر ہر روز کہتے ــــ "آج کل بہت جلد دیر ہو جاتی ہے ــ"

میں نے خانساماں سے پوچھا کہ بھئی یہ کلاک اتنا تیز کیوں ہے کہ صبح صبح دس بجا دیتا ہے۔ وہ بولا "صاحب! یہ کلاک مدتوں سے بند ہے۔ اس میں دو ڈھائی سال سے دس بجے ہوئے ہیں۔" دو چار باتیں اور ہوئیں اور مجھے پتہ چلا کہ اسے روپے کی سخت ضرورت ہے اور شیطان کے خالو سے مانگنے کی ہمت نہیں پڑتی۔ ویسے اگر وہ چاہے تو اپنے گھر سے روپے منگا سکتا ہے۔

"تو گھر سے کیوں نہیں منگا لیتے؟" میں نے مسکرا کر پوچھا۔

"ایک تو مجھے لکھنا نہیں آتا" وہ مسکرا کر بولا "اور دوسرے وہ لوگ پڑھ نہیں نہیں سکتے۔"

میں نے اسی روز اسے کچھ روپے دلوا دیے۔ ہم دونوں کچھ کچھ دوست بن گئے۔ اب میں نے سب کچھ بتا دیا اور اس کی مدد چاہی۔ اس نے ایک نہایت ہی مخلصانہ اور لاجواب مشورہ دیا۔ میں نے وہی مخلصانہ اور لاجواب مشورہ شیطان کے حوالے کر دیا اور ساتھ ہی دھمکایا بھی کہ اگر اس مشورے پر بہت جلد عمل نہ ہوا تو میں واپس چلا جاؤں گا۔ ظاہر ہے کہ اس مشورے کا تعلق لونگوں سے تھا۔

اگلے روز میں دوپہر کو شہر کا چکر لگا کر واپس لوٹا تو کیا دیکھتا ہوں کہ گھر میں غدر سا مچا ہوا ہے۔ ایک طرف بچے قطار باندھے کھڑے ہیں۔ ایک طرف بہت سے پتے، ٹہنیاں، جڑیں اور پھلیاں رکھی ہیں۔ شیطان اور اُن کی خالہ کھڑے بچوں کا معائنہ کر رہے ہیں۔ ایک طرف ہاون دستے میں کچھ کوٹا جا رہا ہے۔ دوسری طرف سِل پر کچھ پیسا جا رہا ہے۔ باورچی خانے میں دیگچیاں کھڑک رہی ہیں۔ وہاں کچھ گرم کیا جا رہا ہے، کچھ ابالا جا رہا ہے۔

باری باری پیپل کے پتے، نیم کی جڑ، گولر کی کونپل، امرود کے بیج، نوشادر، سونف، گاؤزبان، دارچینی اور اسی قسم کے نام سنائی دیتے ہیں۔ کبھی شیطان خود کچھ پھانک جاتے ہیں۔ کبھی ان کی خالہ جان کچھ چبانے لگتی ہیں۔ کبھی کسی بچے کے حلق میں کچھ انڈیل دیا جاتا ہے۔

مجھے دیکھتے ہی شیطان چلائے "ارے یہ تم بیزار سے کیوں ہو؟" نبض دیکھی اور تیوری سے بولے "کچھ ادرک، پودینے کے چند پتے، تربوز کے بیج، انار کے چھلکے اور زعفران کو شربت انناس میں ملا کر پلا دو۔"

بیشتر اس کے کہ میں کچھ بولتا، ایک نہایت ہی بدمزہ اور کسیلی دوائی میرے منہ میں اُلٹ دی گئی۔ وہاں سے بھاگ کر کمرے میں پہنچا۔ کوٹنے پیسنے، چھاننے اور اُبالنے

کی آوازیں بدستور آرہی تھیں۔ کچھ دیر بیٹھا رہا پھر اونگھنے لگا۔ سہ پہر کے قریب آنکھ کھلی، دیکھا کہ شیطان مجھے جھنجھوڑ رہے ہیں۔ چہرے پر ایک خاص شیطانی مسکراہٹ ہے۔

"تیار ہو جاؤ، فوراً سامان وغیرہ ___"

"کیا ہُوا ؟"

"آج سے تمہارے اس ہیٹ کو بھی چھٹی دی جاتی ہے۔" انھوں نے ہیٹ اٹھا کر باہر پھینک دیا۔

"آخر ہُوا کیا ؟" میں نے دوبارہ پوچھا۔

"لوٹ گئے۔ لوٹ گئے! اچھا یہ تو بتاؤ کہ اس وقت ہمیں کون سی گاڑی مل سکتی ہے؟"

"خدا کے لیے کچھ کہو تو سہی کہ کیا ہوا ؟"

"بس تم فوراً تیار ہو جاؤ۔" شیطان منہ دکھا کر بولے۔

"کس طرف چلیں گے ؟ واپس ؟؟"

"ہم" شیطان اپنا سینہ بے تحاشا کوٹتے ہوئے بولے "ہم کمان کے تیر ہیں۔ ایک دفعہ نکل جائیں تو پھر واپس نہیں لوٹتے۔"

☆

ایک دفعہ کا ذکر ہے ــــــ

لوٹ : اس مضمون میں کوئی کردار یا واقعہ فرضی نہیں ہے۔ اگر کسی نے کچھ اپنی طرف منسوب لیا تو مصنف کو بڑی خوشی ہوگی۔

ایک دفعہ کا ذکر ہے کہ کسی باغ کے ہرے بھرے گوشے میں چند بچوں کی گاڑیاں یکلخت کہیں سے آگئیں۔ ہر گاڑی کے ساتھ حسبِ معمول ایک عدد آیا بھی تھی۔ آیاؤں نے گاڑیوں کو ساتھ ساتھ کھڑا کر دیا اور خود باتیں کرنے لگیں۔ گاڑیوں میں نہایت ہی ننھے منے بچے بیٹھے ایک دوسرے کو ٹکر ٹکر دیکھ رہے تھے۔ کبھی کبھار ایک دوسرے کو ہلکا سا اشارہ کر دیتے تھے اور ایک آدھ غاؤں غاؤں بھی ہو جاتی۔ بچے عمر میں بہت چھوٹے تھے، ہر ایک بمشکل سال بھر کا ہوگا۔

آیاؤں کی گفتگو سنجیدہ ہو گئی۔ کچھ دیر بعد سنجیدہ تر ہو گئی اور جب سنجیدہ ترین ہوئی تو ایک غدر سا مچ گیا۔ ایک آیا نے تجویز پیش کی کہ اُسے ڈر ہے کہ اس شور و غل سے تنگ آکر بچے کہیں رونے کا شغل شروع نہ کر دیں،

لہٰذا یہی ہوگا کہ یہ محفل دوسرے پلاٹ میں منعقد ہو۔ تجویز معقول تھی۔ آیائیں وہاں سے چلی گئیں۔ اُن کا جانا تھا کہ سب بچے مسکرانے لگے۔ ایک سنہرے بالوں والا بچہ دوسرے سے بولا: "سنائیے قبلہ — کیا حال ہے؟"

"آپ بھی غضب کرتے ہیں۔" دوسرا بچہ سرگوشیوں میں بولا: "ذرا آہستہ بولیے۔ کسی آیا نے سُن لیا تو شامت آجائے گی۔"

پہلا بچہ۔ "لاحول ولاقوۃ — آیا سے ڈرنے والے اے آسمان نہیں ہم! اول تو وہ سب کی سب کافی دور جا چکی ہیں اور پھر ان بڑوں کو ہماری زبان کہاں سمجھ آتی ہے۔ یہی کہہ دیتے ہیں کہ بچے بیکار غاؤں میاؤں کر رہے ہیں۔"

دوسرا بچہ۔ "واقعی وہ لوگ کافی دور ہیں۔ اچھا آپ سنائیے کیسی گزر رہی ہے؟"

پہلا بچہ۔ "بس صاحب دن پورے کر رہے ہیں ع ہم بھی کیا یاد کریں گے کہ خدا رکھتے تھے۔ جی بالکل نہیں لگتا۔ بس سمجھ لیجئے کہ —

ع صبح ہوتی ہے شام ہوتی ہے عمر یونہی تمام ہوتی ہے"

دوسرا بچہ۔ "آپ کچھ کچھ قنوطی بنتے جا رہے ہیں۔ ہاں خوب یاد آیا، آج ہماری مجلس میں چند نئے حضرات جلوہ افروز ہیں۔ میرے خیال میں پہلے تعارف ہو پھر محفل جمے گی۔"

پہلا بچہ: "ان سے ملیے ان کا نام ننھے میاں ہے۔ یہ ایک نہایت شریف الطبع اور معقول بچے ہیں سلجھی ہوئی طبیعت کے مالک ہیں۔ اور ان کی عمر میں بھول گیا۔ آپ خود بتا دیجئے ننھے میاں۔!"

ننھے میاں: "خاکسار کی عمر گیارہ مہینے، گیارہ ماہ اور گیارہ گھنٹے ہے۔ اور جناب کی تعریف۔!"

ایک نیا بچہ: "ناچیز کو مجنوں کے نام سے پکارا جاتا ہے۔ معاف کیجیے۔ میں ان دونوں حضرات سے پہلے کبھی نہیں ملا!"

پہلا بچہ: "یہ منے میاں ہیں اور ساڑھے گیارہ ماہ کے ہیں۔ میں کڈی ہوں۔ یہ انگریزی نام مجھے بھی پسند نہیں۔ ہمارے ابا جان کئی سال ولایت میں رہ چکے ہیں، اس لیے یہ نام زبردستی گلے منڈھ دیا گیا ہے۔ بندہ اگلے ہفتے ایک سال کا ہو جائے گا۔"

ایک اور بچہ: "اور میں راجہ ہوں۔ میں سات مہینے اور سات دن کا ہوں۔"

ننھے میاں: "معاف کیجیے حضرت، مجھے یہ نام کچھ غیر مانوس سا معلوم ہوا ہے۔ سرکس میں چیتوں اور شیروں کا نام راجہ ہوتا ہے یا پھر اصلی راجہ ہوتے ہیں جن کی رانیاں ہوتی ہیں۔ ایک بچے کے لیے یہ نام کچھ غیر شاعرانہ سا ہے۔ میرے خیال میں آپ کو فوراً اپنا نام بدلوا لینا چاہیئے۔"

راجہ ـ" مجھے خود احساس ہے لیکن صاحب بے بسی ہے۔ ذرا بڑا ہو لوں پھر کچھ کر دوں گا۔"

کڈّی ـ" چھوڑیئے یہ کیا خشک باتیں لے بیٹھے آپ منّے میاں سنا تھا کر آپ کے دشمنوں کو نمونیا ہو گیا تھا۔"

منّے میاں ـ" میرے دشمنوں کو نہیں مجھ کو ہو گیا تھا۔ لیکن وہ نمونیہ نہیں تھا، برونکو نمونیہ تھا۔ ڈاکٹر صاحب کی تشخیص غلط نکلی۔ اب میں خدا کے فضل اور آپ کی دعا سے بالکل تندرست ہوں۔ یہ ڈاکٹروں کی تشخیص ہمیشہ ہی غلط نکلتی ہے اور خصوصاً بچوں کے معاملے میں تو یہ بالکل بے پروا بن جاتے ہیں۔ نہ معلوم یہ لوگ ملاحظہ کرتے وقت گدگدیاں کیوں کرنے لگتے ہیں۔ جونہی ان کا ہاتھ میرے پیٹ پر آیا مجھے ہنسی ضبط کرنا مشکل ہو جاتا ہے۔"

کِڈّی ـ" قطع کلامی کی معافی چاہتا ہوں۔ بات سے بات نکلتی ہے۔ مجھے بھی ان لوگوں سے ایک شکایت ہے، دوا کے ساتھ غذا بتانے میں یہ لوگ انصاف سے کام نہیں لیتے۔ مَیں نے بارہا گھر میں یہی دیکھا ہے کہ مریض کی غذا کا دارومدار اس بات پر ہوتا ہے کہ خود ڈاکٹر صاحب نے کھانا کب کھایا تھا۔ اگر ڈاکٹر صاحب ابھی ابھی کھانا کھا کر آئے ہیں، تو کہیں گے ـــ آپ بالکل ہلکی پھلکی اور پتلی غذا کھایئے۔ ذرا سا شوربا اور ایک چھوٹا بسکٹ۔ یا بغیر دودھ اور شکر کی چائے گھونٹ بھر، بس۔ اگر بہت زیادہ بھوک محسوس ہو تو تھوڑا سا

پانی پی لیجئے۔ یا ممکن ہے آپ کو فاقہ کشی کا حکم ہی مل جائے اور وہ خود بھوکے ہیں، تو کہیں گے — آپ زیادہ وہم نہ کیجئے جو دل چاہے نوش فرمایئے۔ پراٹھے قیمہ، آلو کا بھرتہ، شامی کباب، بریانی، سب کچھ کھا سکتے ہیں۔ پھل بھی کھائیے، اگر جی چاہتا ہے تو تھوڑی سی مٹھائی چکھ لینے میں بھی کوئی ہرج نہیں ہے۔"

منّے میاں "بھئی کچھ بھی ہو۔ آپ کی خاطر تواضع تو خوب ہوتی ہے۔ میں نے کئی ڈاکٹروں کو آپ کی تعریف کرتے سنا ہے کہ آپ شہر کے خوبصورت ترین بچوں میں سے ہیں۔

گُڈّی۔ (شرما کر) ذرّہ نوازی ہے، عنایت ہے، ورنہ بندہ کس لائق ہے۔ لیکن وہ کسی نے بالکل سچ کہا ہے کہ ؎

اچھی صورت بھی کیا بُری شے ہے
جس نے ڈالی بُری نظر ڈالی

مجھے بہن بھائی، امی ابا، اپنے پرائے، سب اس بُری طرح پیار کرتے ہیں کہ تنگ آجاتا ہوں۔ یہ ہر وقت کا لاڈ مجھے پسند نہیں مصیبت تو یہ ہے کہ ہمارے ہاں کئی حضرات کی خوب گھنی اور خونخوار مونچھیں ہیں۔ ایک دو بزرگ صاحبِ داڑھی بھی ہیں۔ جب وہ پیار کرتے ہیں تو چہرہ چھل جاتا ہے۔ اور پھر امی تو ہر وقت چومتی رہتی ہیں۔ سوتے سوتے جگا دیا جاتا ہوں۔ ان لوگوں کو غالباً یہ بھی علم نہیں کہ چومنا طبی نکتہ نگاہ سے ایک خطرناک حرکت ہے۔

یہ لوگ جراثیم وغیرہ کی تھیوری سے نا واقف ہیں۔!"

چُنّو: "کل انگوٹھا چوستے چوستے میں دیر تک سوچتا رہا کہ یہ کمبخت دانت کب نکلیں گے۔ انتظار کرتے کرتے تھک گیا ہوں۔ دانت نکلتے ہی سب سے پہلے آیا کی انگلی میں کاٹ کھاؤں گا۔ وہ دن میں کئی کئی مرتبہ زبردستی میرا منہ دھوتی ہیں۔ دانت نکلتے ہی میں غالباً پلاؤ تو کھا سکوں گا۔ کیوں"؟

راجہ: "میرے خیال میں نہیں۔ کیونکہ دانتوں کا مکمل سیٹ ذرا دیر میں اُگے گا۔ ایک دو دانتوں سے کچھ نہیں ہوتا۔"

گُڈّی: "اجی پلاؤ تو بالکل ملائم چیز ہے آپ بھنا ہوا مرغ بھی دو دانتوں سے کھا سکیں گے۔ انسان کی قوتِ ارادی مضبوط ہونی چاہیئے۔ عزم ہمت کرے انسان تو کیا ہو نہیں سکتا۔ بھئی ننھے میاں آپ خاموش ہیں۔"

ننھے میاں: "حضرت کیا عرض کروں۔ مدتوں سے یہی سوچ رہا ہوں کہ آخر یہ لوگ بچپن کو ساری عمر کیوں یاد کیا کرتے ہیں۔ آخر کیا نرالی چیز ہے اس میں خدا کسی کا محتاج نہ کرے۔ اب ہمیں ہی لیجیئے خود کچھ بھی نہیں کر سکتے جس کا دل چاہے آکر دھکا جائے گدگدیاں کرنے لگے، گود میں اٹھا کر بھاگ جائے اور گود لینا بھی تو کسی کو نہیں آتا۔ اُچھالتے ہیں، جھٹک دیتے ہیں۔"

گُڈّی: "لیکن آپ نے ان کی حرکتوں پر بھی غور فرمایا۔ ہمیں دیکھ کر کیسی کیسی شکلیں بناتے ہیں۔ کیسی کیسی آوازیں نکالتے ہیں۔ کسی نے سچ کہا ہے کہ عقلمند

سے عقلمند انسان تین موقعوں پر نہایت ہی احمق بن جاتا ہے ـــــ جب وہ تنہائی میں آئینے کے سامنے ہو، دوسرے جب وہ بحیثیت ایک عاشق کے اپنے محبوب کے پاس ہو، اور تیسرے جب وہ کسی بچے کو بہلا رہا ہو۔!

چُنّو ۔ "آپ کا فرمانا بالکل بجا ہے۔ اور پھر بزرگ حضرات تو ہمارے سامنے ایسی ایسی حرکتیں کرتے ہیں کہ ہنسی آتی ہے۔ کوئی قبلہ زبان باہر نکال کر ہلائیں گے۔ کوئی دیدے مٹکانے لگیں گے۔ ایسی ایسی عجیب سُریں نکالتے ہیں کہ تان سین سن پائے تو غش کھا جائے۔ کل کا ذکر ہے۔ میرے پنگھوڑے کے قریب ایک بزرگ محو مطالعہ تھے۔ میرے دل میں جو شرارت سوجھی تو رونا شروع کر دیا۔ وہ اٹھے، پہلے چمکارا، پھر پیار کیا، پنگھوڑا ہلایا۔ گودیں لے کر ادھر اُدھر بھاگے۔ ہائی جمپ اور لانگ جمپ کر کے رکھ دی۔ پھر جو تماشے شروع کیے ہیں میں بڑی مشکل سے ہنسی ضبط کر سکا۔ سب سے عجیب و غریب ان کا ناچ تھا جو انہوں نے میرے سامنے کھڑے ہو کر ناچا۔ بالکل کلاسیکل چیز تھی۔ کاش کہ طبلہ ساتھ ہوتا۔ دیر تک میں لطف اندوز ہوتا رہا، جب وہ بالکل تھک گئے تب ترس کھا کر چپ ہو گیا۔!"

گُڈّی ۔ "میرے خیال میں بچوں کے پاس سب سے بڑا حربہ رونا ہے جیسے ایک حسین خاتون کی مسکراہٹ کے سامنے بڑے بڑے سورما ہتھیار ڈال دیتے ہیں، اسی طرح ایک بچے کا رونا بھی قیامت ڈھا سکتا ہے۔!

منّے میاں: "معاف کیجیے، میں متفق نہیں ہوں۔ آپ نے رونے کی تھیوری کو بالکل نہیں سمجھا۔ اگر سمجھا ہے تو اسے بےحد محدود کر دیا ہے۔ آپ کے خیالات میں وسعت ہونی چاہیئے۔ رونے کے بیشمار فوائد ہیں۔ پہلا تو یہی ہے کہ بڑوں کی توجہ اپنی طرف مبذول کرانے کے لیے رونا پڑتا ہے۔ بالکل جیسے کوئی اپنے بیرے کو آواز دے۔ یا چپراسی کو بلانے کے لیے گھنٹی بجا دے۔ دوسرے یہ کہ بعض اوقات بڑوں کو سزا دینی پڑتی ہے۔ جب کبھی گھر میں مہمان آجائیں یا کوئی دلچسپ بحث ہو رہی ہو، یا سب کے سب کہیں باہر جا رہے ہوں، تب یہ لوگ ہمیں بالکل نظرانداز کر دیتے ہیں۔ اس وقت انتقاماً رونا پڑتا ہے۔ اور پھر رونے سے صحت اچھی رہتی ہے۔ ورزش بھی ہو جاتی ہے اور آواز کھل جاتی ہے۔ پھیپھڑوں کے لیے خصوصاً مفید ہے اور۔۔؟"

ننھے میاں: "خوب یاد دلایا! میں رونا چاہتا ہوں۔ حضرات اگر میں روؤں تو آپ کو ناگوار تو محسوس نہ ہو گا۔!"

کِدّی، مُنّے میاں: "جی نہیں! بڑی خوشی سے روئیے!"

ننھے میاں: "شکریہ! بات یہ ہے کہ میں تکیئے سے کچھ نیچے سرک گیا ہوں اور خود اٹھ نہیں سکتا، لہٰذا آیا کو بلانا چاہتا ہوں تو پھر اجازت ہے نا؟"

راجہ چُنّو: "جی ہاں ضرور روئیے۔"

کِدّی: "اگر آپ چاہیں تو میں بھی آپ کا ساتھ دے سکتا ہوں۔"

ننھے میاں:"ممنون ہوں مجھے آپ سے یہی اُمید تھی۔ لیکن اگر ہم دونوں روئے تو آپا کو یہ پتہ نہ چل سکے گا کہ اسے دراصل بلایا کس نے ہے۔ تو یہ لیجئے بندہ روتا ہے۔"

(ایک وقفہ جس میں آپا آتی ہے اور واپس چلی جاتی ہے)

کِڈّی:"یار تمہاری آپا خوب ہے۔ میری تو آنکھیں چندھیا گئیں!"

راجہ:"آپ حسن پرست معلوم ہوتے ہیں!"

کِڈّی:"جی! مرا مزاج تو بچپن سے عاشقانہ ہے۔"

راجہ:"خوب! گفتگو دلچسپ ہوتی جارہی ہے ہمیں بھی تو کچھ بتائیے۔"

کِڈّی:"تمہیں رازِ محبت کیا بتائیں
تمہارے کھیلنے کھانے کے دن ہیں"

مُنّے میاں:"واللہ کِڈّی صاحب، دیکھئے وہ گائے جارہی ہے۔"

چُنّو
کِڈّی } "کہاں ہے؟"

مُنّے میاں:"وہ رہی۔ بھئی مجھے تو بھوک محسوس ہو رہی ہے۔"

ننھے میاں:"میری بھی رال ٹپک رہی ہے۔ کیوں حضرت آپ کو بھی گائے کا دودھ مرغوب ہے؟"

مُنّے میاں:"جی ہاں! میں تو گائے کے دودھ کا عاشق ہوں۔ کِڈّی

صاحب آپ ؟"

کِڈی: "صاحب! مجھے تو بھینس کے دودھ میں پانی ملا کر پلایا جاتا ہے۔"

مُنّے میاں: "لاحول ولا قوۃ! بھینس کا دودھ ایک نہایت ثقیل چیز ہے۔ اس میں پروٹین کی مقدار تو اتنی ہی ہے لیکن چربی زیادہ ہوتی ہے۔ اور یہ چربی نفاست پسند بچوں کے لیے مضر ہے۔ کم از کم میں تو اسے ہضم نہیں کر سکتا۔ اور آپ چُنّو صاحب ؟"

چُنّو: "خاکسار کو بکری کا دُودھ پسند ہے۔"

مُنّے میاں: "مجھے تو یہاں کچھ دال میں کالا نظر آتا ہے حضرت۔ یہ مہاتما گاندھی والا معاملہ تو نہیں ؟"

چُنّو: "کچھ ہے ہی۔"

راجہ: "اور بندہ اونٹنی کا دودھ بھی پی چکا ہے۔"

ننھے میاں: "انا للہ وانا الیہ راجعون۔ آپ نے نہایت ہی غیر شاعرانہ بات کی ہے۔ کاش کہ کوئی صاحب یہ موضوع بدل دیں۔"

کِڈی: "کل لیٹے لیٹے ایک شعر موزوں ہو گیا۔ عرض کیا ہے ؎

پنگھوڑے ہی میں الجھایا گیا ہوں
کھلونے دے کے بہلایا گیا ہوں"

ننھے میاں: "مرحبا۔ سبحان اللہ، کیا بات ہے۔"

راجہ :" سنا ہے کہ برازیل میں کپاس کا بھاؤ ایک دم بڑھ گیا ہے اور اس سے جزائر غرب الہند میں تربوز سستے ہو گئے ہیں۔ اگر یہی حال رہا تو ممکن ہے کہ عرب میں کھجوروں کی کاشت پر بہت برا اثر پڑے "

(تمام بچے راجہ کو بری طرح گھورتے ہیں)

کِڈّی :" آج صبح انگوٹھا چوستے چوستے ایک شعر یاد آ گیا ؎

آج وہ بار بار یاد آئے

آج میں بار بار رویا ہوں"

راجہ :" لیکن تبت میں آلو بخارے دن بدن کم ہوتے جا رہے ہیں۔ اور اگر لنکا سے ارنڈ گلہریاں فوراً نیوزی لینڈ نہ بھیج دی گئیں تو ایران میں لوہا بکلخت سستا ہو جائے گا اور شاید ــــــ"

چُنتو :" راجہ یہ تم کیا الٹی سیدھی ہانک رہے ہو ؟"

راجہ :" بھئی آپ لوگوں ہی نے تو کہا تھا کہ موضوع بدل دو ۔"

ننھے میاں :" لیکن یہ بھاؤ وغیرہ کون مسخرہ پوچھنا چاہتا ہے ؟"

راجہ :" کیا بتائیں ہمارے ابا جان چوبیس گھنٹے گھر میں یہی باتیں کرتے رہتے ہیں۔ وہ بہت بڑے بزنس مین ہیں ۔"

کِڈّی :" پھر تم لوگوں نے بزرگوں کا ذکر چھیڑ دیا۔ کل ہی کا ذکر ہے ہمارے ماموں جان آئے اور ہمارا جھنجھنا اٹھا کر لے گئے۔ بھلا یہ ان کے کھیلنے کا زمانہ

ہے۔ آج علی الصبح بھائی جان نے چپکے سے ہماری دودھ کی بوتل خالی کردی۔ اپنی طرف سے بڑی بھاری شرارت کی اور لطف یہ ہے کہ یہ سب کے سب ہر روز احسان جتاتے تھے کہ جیسے پال پوس کر ہم پر بڑا کرم فرمارہے ہیں۔"

راجہ: "پالنا تو خیر ہوگا، یہ پوسنا کیا مصیبت ہے۔ ہمیں تو ابھی تک نہیں پوسا گیا۔"

گڈی: "اور یہ لوگ شاید بھول جاتے ہیں کہ کبھی یہ خود بھی بچے تھے۔ بچوں کی عظمت سے منکر ہونے والوں کو یہ مشہور قول ضرور یاد رکھنا چاہیئے۔ چائلڈ از دی فادر آف مین۔"

ننھے میاں: "ایک روز امی مجھے دیر تک گھورتی رہیں۔ پھر اپنی سہیلی سے بولیں نہ جانے یہ ننھا ہوا میں کیا دیکھتا رہتا ہے۔ دیر تک فرضی چیزوں کو تکتا رہتا ہے۔ مجھے بڑی ہنسی آئی۔ یہ لوگ اتنا نہیں سمجھتے کہ تمام بچوں کو قدرتی طور پر ہائی پریشر ہوا ہوتا ہے اور وہ نزدیک کی چیزیں صاف نہیں دیکھ سکتے۔"

منے میاں: "ہمارے ابا جان کی موٹر ایسی عجیب و غریب چیز ہے کہ بس ڈبیا میں بند رکھنے کے لائق ہے۔ میں اس کی خوبیوں کا ذکر مفصل طور پر نہیں کر سکتا۔ اتنی سست رفتار ہے کہ معلوم ہوتا ہے پیدل چل رہی ہے۔"

ننھے میاں: "اور کل رات مجھے سلانے کے لیے امی نے آدھ گھنٹے تک لوریاں گائیں۔ بھلا لوریاں سے کون سوتا ہے۔ کوئی فلمی ریکارڈ سناتیں تو کوئی بات

بھی تھی۔"

چنّو "فلمی گانوں کا معیار بھی دن بدن گرتا جا رہا ہے۔ ایسے ایسے مہمل ریکارڈ سننے میں آتے ہیں کہ بیحد کوفت ہوتی ہے نہ موسیقی ہے نہ شاعری، لوگ نثر گا دیتے ہیں۔"

ننھے میاں۔ "میں نے ریڈیو پر بھی اکثر موسیقی کا خون ہوتے دیکھا ہے۔ کتنی ہی مرتبہ گویّے نے صبح کے وقت دُرگا کا خیال گا دیا۔ بھیم پلاسی میں سورٹھ ملا کر جب الاپنے لگتے ہیں تو کبھی بھیرویں معلوم ہوتی ہے اور کبھی جوگیا۔ اور شبھ پلمپت درباری دوپہر کو لے بیٹھتے ہیں۔ بعض اوقات رات کو لوگ آساوری گا دیتے ہیں اور ملتانی کافی۔"

راجہ۔ "کیوں صاحب۔ یہ ملتان کی کافی کافی مشہور ہے کیا؟ وہاں کافی کا کیا بھاؤ ہوگا؟"

ننھے میاں۔ "یہ پینے والی کافی نہیں ہے ایک راگنی کا نام ہے۔ آپ نے پھر بھاؤ کا ذکر کیا۔"

کِڈّمی "حضرات! موضوع تبدیل ہونا چاہیئے۔ گفتگو خشک ہوتی جا رہی ہے۔"

چنّو۔ "اچھا یہ بتایئے کہ آپ بڑے ہو کر کیا کریں گے؟"

کِڈّمی: "میں بچوں کی تربیت پر انگریزی میں ایک کتاب لکھوں گا۔"

ننھے میاں۔ "نہایت نیک خیال ہے۔ آپ یہ کتاب اردو میں لکھیے، اس کا نام

ریمپے رہنمائے طفلیات یا کلید طفلیات ۔"

منّے میاں "اور باز یچہ اطفال کیسا نام رہے گا؟"

گُڈّی "یہ سب اچھے نام ہیں۔ دراصل اس موضوع پر مفید کتابیں بہت کم لکھی گئی ہیں۔ بچوں کی پرورش بھی ایک آرٹ ہے جس سے عوام ناواقف ہیں۔ عجیب عجیب کتابیں لکھتے ہیں کہ ماں بچے کو گود میں لیے بیٹھی ہے۔ بچہ حقہ پی رہا ہے۔ اور باپ انگوٹھا چوس رہا ہے۔"

ننھے میاں "میں اس کتاب کا دیباچہ لکھوں گا۔ یہ کتاب نہایت مقبول ہو گی۔"

راجہ (آہستہ سے) "قدر الو کی الو جانتا ہے۔ ہما کو چغد کب پہچانتا ہے۔"

ننھے میاں "راجہ صاحب! واللہ آپ محفل میں بیٹھنے کے قابل نہیں ہیں۔ لیکن اس میں آپ کا قصور نہیں۔ یہ اونٹ کے دودھ کا قصور ہے۔"

گُڈّی "حضرات! حضرات!! آپ تو سچ مچ بڑے بن گئے ہیں۔ آپس میں بڑوں کی طرح لڑ رہے ہیں۔"

راجہ "میں معافی چاہتا ہوں۔"

ننھے میاں "میں نے معاف کیا۔"

چُنو "کیوں صاحب آپ نے وہ پکچر دیکھی تھی۔ فورٹی لِٹل مدرز؟"

مُنّے میاں "جی ہاں دیکھی تھی۔ اس میں بڑوں کا ایکٹنگ فضول سا تھا البتہ

اس بچّے کا ایکٹنگ ہمیں بہت پسند آیا۔ وہ انگوٹھا بڑے سٹائل سے چوستا تھا۔"

کِلڈّی ۔" خوب یاد آیا۔ ویسے ہم نے انگوٹھا نہیں چوسا۔ آپ انگوٹھا چوسیے مُنّے میاں۔"

مُنّے میاں ۔" اجی حضرت آپ چوسیے۔"

ننّھے میاں ۔" واللہ چُنّو صاحب پہلے آپ۔"

چُنّو ۔" قبلہ پہلے آپ۔"

کِلڈّی ۔" آپ حضرات تو تکلف کرتے ہیں۔ اماں چوسئے بھی سہی۔ اچھا چلئے آپ پہل کیجیے مُنّے میاں۔"

مُنّے میاں ۔" بندہ پرور یہ خاکسار ابھی ابھی چوس چکا ہے۔ آپ شوق فرمایئے۔"

کِلڈّی ۔" آپ تو کانٹوں میں گھسیٹتے ہیں۔"

راجہ ۔" اچھا میں پہلے چوستا ہوں۔"

مُنّے میاں ۔ (غصہ ضبط کرتے ہوئے) " راجہ صاحب، اب میں آپ کو کیا کہوں؟ کاش کہ آپ انسانی سائیکالوجی سے واقف ہوتے۔"

راجہ ۔" اس مرتبہ آپ کا غصہ بالکل بے موقعہ ہے۔ آخر کوئی نہ کوئی تو پہل کرتا ہی۔ میں نے کون سا گناہ کر دیا۔ اور یہ سائیکلوں کے متعلق آپ کیا فرما رہے ہیں؟"

مُنّے میاں: "سائیکالوجی (زور سے) سائیکلوجی!"

راجہ: "وہ کیا چیز ہوتی ہے؟"

مُنّے میاں: "وہ ہمیں زندگی کی گہرائیوں میں لے جاتی ہے۔ اب آپ کو اتنی جلدی کیا خاک سمجھاؤں۔ ایک مثال دیتا ہوں ـــــ بھلا یہ آپ کیونکر ثابت کریں گے کہ آپ بچے ہیں؟"

راجہ: "میں بچہ ہی تو ہوں، نظر جو آ رہا ہوں۔"

مُنّے میاں: "نہیں یوں نہیں۔ دلائل سے ثابت کیجئے۔ چلیے میں بتاتا ہوں۔ پہلا نکتہ یہ ہے کہ بچوں کے منہ میں دانت نہیں ہوتے اور آپ کے منہ میں بھی دانت نہیں ہیں لیکن بوڑھوں کے منہ میں دانت کہاں ہوتے ہیں۔ اس لیے یا تو آپ بچے ہیں یا بوڑھے ہیں۔ دوسرا نکتہ لیجئے۔ آپکا گزارا دودھ پر ہے لیکن بلی بھی دودھ پیتی ہے۔ لہذا یا تو آپ بچے ہیں یا بلی ہیں۔ تیسرا نکتہ یہ ہے کہ آپ کے سر پر بال بہت کم ہیں۔ گنجے آدمیوں کے سر پر بھی بال نہیں ہوتے لہذا۔"

کِلڈی: "حضرات! خاموش! وہ سامنے دیکھئے ـــ!"

سب بچے خاموش ہو جاتے ہیں۔ ایک آیا گاڑی لیے آ رہی ہے جس میں دس بارہ مہینے کی ایک خوبصورت بچی ہے۔ دوسری گاڑیوں کے پاس گاڑی چھوڑ کر آیا پلاٹ میں آیاؤں کے پاس چلی جاتی ہے۔ بچے خاموش ہیں، بچی سب کی طرف دیکھتی ہے۔

بچی: "آداب عرض! غالباً میں آپ کی گفتگو میں مخل ہوئی ہوں۔"

چُنّو: "جی نہیں!"

بچی: "میں اپنا تعارف آپ کرائے دیتی ہوں۔ میرا نام فیٹو ہے اور میری عمر (شرما کر) ہو گی یہی ایک ڈیڑھ مہینہ۔ یہ ماسٹر کِڈی ہمارے پڑوس میں رہتے ہیں اور مجھے جانتے ہیں۔"

راجہ: "فیٹو کا کیا مطلب ہوا؟"

ننھے میاں۔ (جھنجھلا کر) "ناموں کا بھی کوئی مطلب ہوتا ہے؟ (آہستہ سے)

راجہ خدا کے لیے تم چپ رہو۔"

فیٹو: "جی فیٹ کا مطلب ہے موٹا (شرما کر) سب مجھے موٹی بچی سمجھ کر پیار سے فیٹو کہتے ہیں۔ ویسے میں آج کل (SLIMMING) کر رہی ہوں۔ پہلے سے دبلی ہو گئی ہوں لیکن یہ لوگ میرا نام نہیں بدلتے۔"

مُنّے میاں۔ (آہستہ سے) "چُنّو صاحب ذرا کِڈی کو دیکھنا۔ کیسا شرما رہا ہے۔"

ننھے میاں۔ (آہستہ سے) "نظریں تو اٹھاتا ہی نہیں۔ چہرہ الگ لال بھبھوکا ہو رہا ہے۔ کیا تو چٹاخ پٹاخ بول رہا تھا کیا اب بالکل سانپ سونگھ گیا ہے۔"

راجہ۔ "بھئی کِڈی، یہ معاملہ کیا ہے۔"

ننھے میاں۔ (آہستہ سے) "راجہ پلیز — آہستہ بولو — بہتر یہی ہو گا کہ تم خاموش رہو۔"

فیلٹو۔ "آپ سب حضرات کا یک لخت خاموش ہو جانا عجیب معلوم ہوتا ہے۔ سنئیے ماسٹر کڈی آپ کیسے ہیں ؟"

کڈی۔ "حال اچھا ہے ۔"

منے میاں۔ (دبی زبان سے)

" ان کے دیکھے سے جو آ جاتی ہے منہ پر رونق

وہ سمجھتے ہیں کہ بیمار کا حال اچھا ہے !"

راجہ۔ (زور سے گاتے ہوئے)۔ "آیا کرو ادھر بھی مری جان کبھی کبھی

نکلا کریں ہمارے بھی ارماں کبھی کبھی۔"

ننھے میاں۔ (آہستہ سے) "لعنت ہے یار راجہ تم پر۔ تمیز تو پاس سے بھی نہیں گزری۔ ڈوب مرو کہیں جا کر ۔"

(ایک وقفہ)

فیلٹو۔ "اب مجھے یقین ہوتا جا رہا ہے کہ میں واقعی مخل ہوئی ہوں، مجھے افسوس ہے ۔"

چُنّو۔
ننھے میاں } "جی نہیں ۔"

فیلٹو۔ "تو پھر آپ لوگ خاموش کیوں ہیں ؟"

منے میاں۔ "جی نہیں خاموش تو نہیں ہیں ۔"

(ایک وقفہ)

اتنے میں فیتو کی آیا آتی ہے۔ اور اسے لے جاتی ہے۔ جاتے جاتے فیتو مڑ مڑ کر کڈی کو دیکھتی جاتی ہے اور سب بچے کڈی پر ٹوٹ پڑتے ہیں۔

ننھے میاں۔ "اچھا تو یہ بات ہے، بڑے کائیاں نکلے یار کڈّن۔"

منّے میاں۔ "کڈی یار اکیلے ہی اکیلے، ہمیں اطلاع تک نہ دی۔"

چُنّو۔ "انتخاب کی ہم بھی داد دیتے ہیں۔"

کڈی۔ "حضرات! پہلی نگاہ میں محبت ہو جانے کے آپ قائل ہیں یا نہیں؟"

راجہ۔ "ہاں، میرے خیال میں اس طرح کافی وقت بچ جاتا ہے۔"

ننھے میاں۔ "بھئی کڈی ایسی باتوں سے کسی اور کو ٹرخانا۔ صاف صاف کیوں نہیں کہتے کہ ع یوں چھپایا رازِ دل ہم نے کہ افشا کر دیا۔"

کڈی۔ (شرما کر) "آپ لوگ کیسی باتیں کر رہے ہیں۔"

منّے میاں۔ "ذرا تجاہلِ عارفانہ تو ملاحظہ ہو۔ اجی حضرت! محبت اندھی ہوتی ہے لیکن اڑوس پڑوس والے اندھے نہیں ہوتے۔ بھانپ جاتے ہیں تاڑنے والے۔"

(سب کڈی کو چھیڑتے ہیں)

کڈی۔ "آپ مصر ہیں تو سن لیجئے۔ لیکن قول دیجئے کہ کسی اور کو نہیں بتائیں گے۔ آپکا خیال صحیح ہے لیکن یہ میں بتادوں کہ پہل اس طرف سے ہوئی تھی۔"

ننھے میاں ۔ " ؏ عشق اول در دلِ معشوق پیدا می شود "

راجہ ۔ (اگا کر) " ؏ وجودِ زن سے تصویرِ کائنات میں رنگ ۔"

ننھے میاں ۔ " راجہ تم پرلے درجے کے بدمذاق بچے ہو، اس مصرعے کی یہاں کیا ضرورت تھی۔ خیر چونکہ اونٹ کا دودھ پی چکے ہو اس لیے جاؤ معاف کیا ۔"

چُنّو ۔ " حضرات معاف کیجئے میں پھر نیچے سرک گیا ہوں۔ اگر آپ اجازت دیں تو ذرا رو لوں ۔"

ننھے میاں ۔ " مجھے خود بھوک لگ رہی ہے۔ ٹھہریے میں آپ کے ساتھ رو دوں گا ۔"

منے میاں ۔ " اور مجھے بھی ایک مکھی دیر سے ستا رہی ہے! اجازت ہے کڈی صاحب ؟"

کِڈی ۔ " میں خاموش رہ کر کیا کروں گا ؟ چلئے شوق فرمائیے ۔"

منے میاں ۔ " راجہ صاحب، آپ بسم اللہ کیجئے ۔"

راجہ ۔ " ننھے صاحب! میں اس مرتبہ ہرگز پہل نہیں کروں گا ۔"

ننھے میاں ۔ " آپ تو سچ مچ بُرا مان گئے، چلئے اب رو دیجئے بھی ۔"

سب رونے لگتے ہیں، آیائیں آ جاتی ہیں اور محفل برخاست ہوتی ہے۔

نوٹ :۔ اگر کوئی صاحب اتفاق سے اس مضمون کو ڈرامہ سمجھ کر سٹیج کرنا چاہیں تو مصنف سے اجازت لینے کی ضرورت نہیں ۔

منتخب مزاحیہ مضامین کا ایک اور مجموعہ

فلاسفر

مصنف : شفیق الرحمٰن

بین الاقوامی ایڈیشن منظر عام پر آچکا ہے

www.ingramcontent.com/pod-product-compliance
Lightning Source LLC
LaVergne TN
LVHW010812051026
849532LV00007B/2516